insel taschenbuch 4889
Rainer Haubrich
Der Kurfürstendamm

Seit fast 150 Jahren ist der Kurfürstendamm ein Spiegel deutscher Geschichte, Kultur und Architektur. Geplant nach dem Vorbild der Champs-Elysées, wurde die Prachtstraße in den zwanziger Jahren zu einer Vergnügungsmeile und zur Bühne für die Avantgarde in Kunst und Literatur. Die Machtergreifung der Nazis bedeutete das Ende dieser glanzvollsten Ära des Kurfürstendamms, dann vernichteten die Bomben des Zweiten Weltkriegs viel von der architektonischen Substanz. Durch die Teilung der Stadt wurde der Kurfürstendamm das Schaufenster West-Berlins, verlor an Bedeutung und ging durch eine Phase des Niedergangs, bis in den achtziger Jahren seine Renaissance begann. Nach dem Fall der Mauer schien es, als könnte die neue Mitte dem Kurfürstendamm den Rang ablaufen. Doch heute ist er wieder der eleganteste Boulevard der Hauptstadt.

Der Berlin-Kenner und Architekturkritiker Rainer Haubrich erzählt in diesem reich illustrierten Buch die spannende und faszinierende Geschichte dieses Prachtboulevards, der zu den bekanntesten der Welt gehört.

Rainer Haubrich, geboren 1965, ist *Welt*-Redakteur und Architekturkritiker. Er hat zahlreiche Bücher zur Stadtentwicklung Berlins veröffentlicht. 1996 erhielt er den Deutsch-Französischen Journalistenpreis, 2015 den Schinkel-Preis der Karl-Friedrich-Schinkel-Gesellschaft.

Vom Autor liegt im insel taschenbuch außerdem vor: *Das Scheunenviertel. Kleine Architekturgeschichte der letzten Altstadt von Berlin* (it 4762).

RAINER HAUBRICH
DER KURFÜRSTENDAMM

Eine kurze Geschichte des Berliner Boulevards

Mit zahlreichen farbigen Fotografien

INSEL VERLAG

Erste Auflage 2021
insel taschenbuch 4889
Originalausgabe
© Insel Verlag Berlin 2021
Alle Rechte vorbehalten, insbesondere das der Übersetzung,
des öffentlichen Vortrags sowie der Übertragung durch
Rundfunk und Fernsehen, auch einzelner Teile.
Kein Teil des Werkes darf in irgendeiner Form
(durch Fotografie, Mikrofilm oder andere Verfahren)
ohne schriftliche Genehmigung des Verlags reproduziert
oder unter Verwendung elektronischer Systeme
verarbeitet, vervielfältigt oder verbreitet werden.
Vertrieb durch den Suhrkamp Taschenbuch Verlag
Umschlag: Designbüro Lübbeke, Naumann, Thoben, Köln
Umschlagabbildung: Postkartenansicht, Hans Andres + Co. Verlag Berlin
Karten: Peter Palm, Berlin
Druck: CPI books GmbH, Leck
Printed in Germany
ISBN 978-3-458-68189-2

INHALT

Einleitung 7

I. KAPITEL : bis 1918
Prachtstraße des neuen Westens 11

II. KAPITEL : 1918 bis 1933
Bühne der Weltstadt 45

III. KAPITEL : 1933 bis 1945
Die große Zerstörung 69

IV. KAPITEL : 1945 bis 1989
Schaufenster von West-Berlin 85

V. KAPITEL : ab 1989
Boulevard der vereinten Hauptstadt 119

Literatur 137
Lagepläne 138
Bildnachweise 144

Abb. 1. Ein Wohnpalast an der Ecke Uhlandstraße. Hier eröffnete 1898 der junge Konditormeister Oscar Möhring das erste »Café Möhring«.

EINLEITUNG

Eigentlich ist der Kurfürstendamm gar kein Boulevard. Denn dieser Begriff bezeichnete ursprünglich nur Straßen, die entlang einer niedergelegten Stadtbefestigung oder eines geschleiften Bollwerks entstanden. Aus dem mittelniederländischen »bulwerc« entwickelte sich das französische Wort Boulevard. Streng genommen ist der Kurfürstendamm also eine Allee, eine in freier Landschaft angelegte Straße mit Bäumen zu beiden Seiten – genauso wie Unter den Linden oder die Champs-Elysées.

Aber seit dem 19. Jahrhundert wird der Begriff Boulevard allgemein verwendet für besonders repräsentative Straßenzüge, die durch eine prächtige Bebauung, Cafés und Restaurants, elegante Geschäfte, Vergnügungsbetriebe und teure Karossen zu Bühnen der Stadtgesellschaft wurden, zu Orten, wo es immer etwas zu sehen oder zu erleben gibt, zu Promenaden, auf denen sowohl jene flanieren, die etwas vorzuführen haben, als auch jene, die sich dieses Schauspiel des großstädtischen Lebens nur anschauen wollen. »Sonntags strömt das ganze Volk herbei, um die Equipagen seines Adels zu bewundern«, notiert der französische Schriftsteller Stendhal 1817 angesichts des Corsos an der Porta Rense in Mailand; er beschreibt ihn als »Heerschau der guten Gesellschaft«.

Die Geschichte der Boulevards beginnt im Paris Ludwigs XIV. Von 1670 an wurden die nördlichen Befestigungsanlagen abgetragen und die Gräben davor verfüllt. An ihrer Stelle entstand zwischen der Place de la Bastille und der Place de la Madeleine eine Abfolge von breiten Straßenzügen mit doppelten Baumreihen zu beiden Seiten, »damit die Bürger der Stadt dort promenieren können«, wie es im Dekret des Staatsrates hieß. Eine neue Generation von Boulevards legte ab 1853 der Pariser Präfekt Georges-Eugène Haussmann an, indem er Schneisen durch die bestehende Stadt schlug. Der als erster fertiggestellte Boulevard Sébastopol wurde schnell populär und ein in ganz Europa bewundertes Vorbild. 1865 eröffnete Kaiser Franz Joseph I. die Wiener Ringstraße, um die gleiche Zeit baute man in München an der Prachtmeile Maximilianstraße. Der Boulevard wurde zur »via triumphalis der Bourgeoisie« (Klaus Hartung).

Unter den großen Boulevards Europas war der Kurfürstendamm eine Spätgeburt, aber mit seiner Länge von 3,6 Kilometern übertraf er fast alle anderen Prachtstraßen. Man braucht anderthalb Stunden, will man einmal von der Gedächtniskirche bis nach Halensee und wieder zurück flanieren. Nur einen Kilometer messen die Königsallee in Düsseldorf und die Via Veneto in Rom, auf anderthalb Kilometer kommen die Bahnhofstraße in Zürich und der Passeig de Gràcia in Barcelona, die Champs-Elysées sind zwei Kilometer lang. Um einen Kilometer übertroffen wird der Kurfürstendamm nur vom Newski Prospekt in St. Petersburg und der Fifth Avenue in New York (gemessen vom Empire State Building bis zum Guggenheim Museum).

Aber der Kurfürstendamm war nicht die letzte Prachtmeile, die in Europa entstand. In Madrid begann man erst 1910, die Schneise der Gran Vía durch die nördliche Altstadt zu schlagen, 1927 wurde sie eröffnet. Nach dem Zweiten Weltkrieg hätte die monumentale Stalinallee im Osten Berlins ein Boulevard werden können, aber ihr fehlten die Ingredienzen, die nur in der offenen, kapitalistischen Gesellschaft entstehen: Vielfalt, Dynamik und privater Reichtum.

Bis heute zehrt der Kurfürstendamm von dem Ruhm, den er sich in jenen 24 Jahren zwischen dem Ende des Ersten Weltkriegs und der Machtergreifung der Nationalsozialisten erwarb durch seine eigentümliche Mischung aus großbürgerlichen Wohnungen, Luxusläden, Terrassencafés, Restaurants, Anwalts- und Arztpraxen, Max-Reinhardt-Theatern und Uraufführungs-Kinos. Die alte Prachtstraße Unter den Linden wurde entthront, der Kurfürstendamm war zur ersten Meile der Metropole und eine Adresse mit weltweiter Ausstrahlung geworden. Diesen Rang hat der Boulevard seitdem nie wieder erreicht – wie sollte er auch nach den Zerstörungen des Zweiten Weltkriegs, nach dem Verlust der Hauptstadtfunktion für West-Berlin, nach der Teilung der Stadt durch die Mauer und dem Aufkommen der egalitären Massengesellschaft? Die Wiedervereinigung Berlins hat ihm jedenfalls zu neuer Blüte verholfen.

Noch in den 1990er Jahren warf der Publizist Wolf Jobst Siedler, der große Chronist von Berlins Aufstieg und Niedergang, einen melancholischen Blick auf den Kurfürstendamm. Im Grunde dauere seine Geschichte nur 100 Jahre. »Als Boulevard existiert er sogar nur ein halbes Jahrhundert, von 1920 bis 1970. Vorher ist er Wohnstraße mit Staketenzäunen und Vorgärten; hinterher ist er eine Einkaufs- und Geschäftsstraße, wie es sie viele gibt. […] Die Banalisierung seiner architektonischen Gestalt ist jedoch nur der ästhetische Ausdruck seines geistigen Untergangs. Das macht den illusionären Charakter der postmodernen Architektur aus. Man kann zwar die Kulissen von einst wiederherstellen, aber es steht ein anderes Stück auf dem Spielplan.« Und er verglich die Entwicklung des Kurfürstendamms mit der anderer berühmter Prachtmeilen der Welt: »Die Juweliere und die Boutiquen, deren Niederlassung diesen Straßen einen Anstrich von Weltläufigkeit gibt, sind ohnehin überall dieselben. Aber darin teilt der Kurfürstendamm vielleicht das Schicksal aller großen Boulevards von Paris bis New York.« Siedler resümiert: »Der Kurfürstendamm lebte, bevor es seinen Mythos gab, und er lebt noch immer, lange nachdem sein Mythos gestorben ist.«

Abb. 2. Der Kurfürstendamm um 1900: Blick nach Süden in die Fasanenstraße. Beide Eckhäuser stehen bis heute.

I. KAPITEL : bis 1918
PRACHTSTRASSE DES NEUEN WESTENS

Ein langer, gerader Strich – so sieht die erste Darstellung des späteren Kurfürstendamms auf der ältesten Umgebungskarte von Berlin aus. Der französische Ingenieur La Vigne hat sie 1685 gezeichnet. Man sieht einen namenlosen Feldweg am südlichen Tiergartenrand, fünf Kilometer westlich vom Zentrum Berlins, das zu jener Zeit noch sehr klein war und umgeben von einem Festungsring. Der Feldweg beginnt im Bereich des späteren Zoologischen Gartens, führt schnurgerade nach Westen, wo er im Bereich des späteren Olivaer Platzes eine scharfe Biegung nach Süden macht. Als La Vigne seinen Plan anfertigte, gab es diesen Feldweg schon anderthalb Jahrhunderte. Er war Teil der Strecke vom Berliner Schloss zum Jagdschloss Grunewald, das Kurfürst Joachim II. im Jahr 1542 weit draußen im Westen »Zum gruenen Wald« hatte erbauen lassen. Südwestlich vom Tiergarten führte die Strecke durch eine sumpfige Gegend, deshalb schüttete man einen schnurgeraden Damm mit Baumstämmen auf, einen Knüppeldamm, über den die Kurfürsten mit ihrer Entourage zum Jagen ritten: den »Churfürsten Damm«. So kam die später weltberühmte Straße zu ihrem Namen. Der erste Plan, auf dem diese Bezeichnung auftaucht, ist das Schmettau'sche Kartenwerk, entstanden zwischen 1767 und 1787.

Jahrhunderte gingen ins Land, ohne dass der Kurfürstendamm eine wichtige Rolle spielte. Bis die immer weitere Ausdehnung der preußischen Hauptstadt Mitte des 19. Jahrhunderts Charlottenburg erreichte. Im Hobrecht-Plan von 1862, der das Muster der künftigen Straßen und Plätze festlegte, bildet der Kurfürsten-

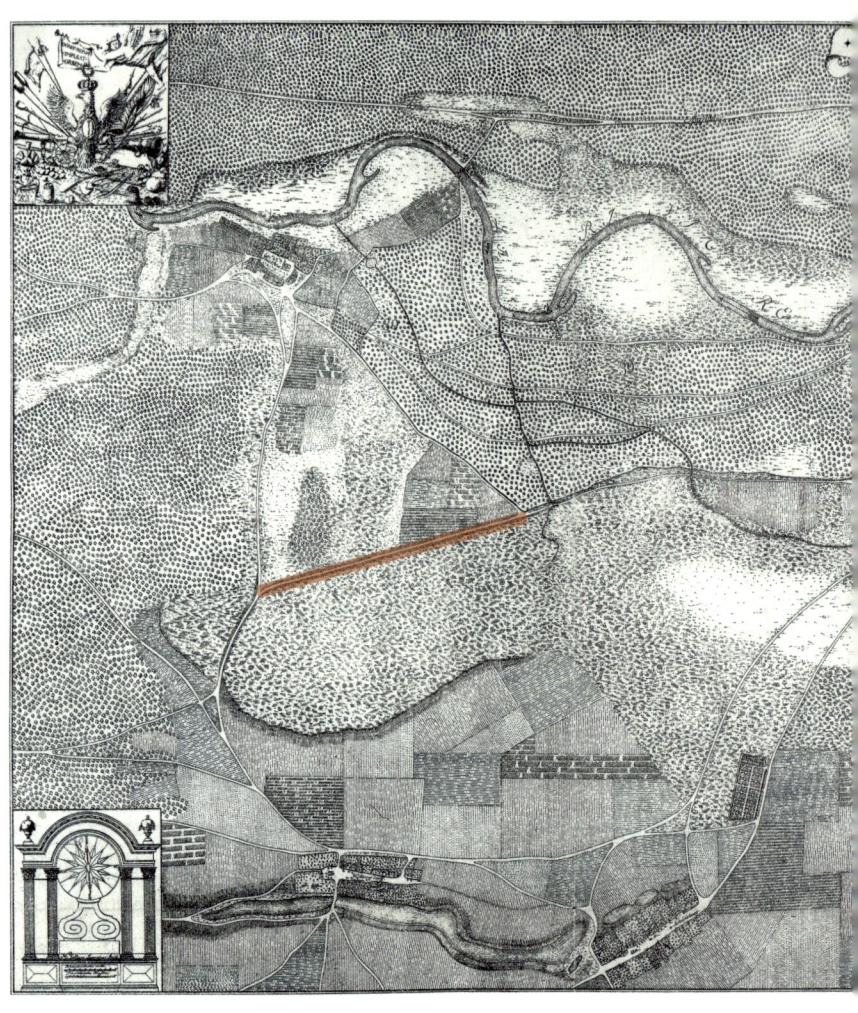

Abb. 3. Ein Strich in der Landschaft: Die älteste Darstellung des Kurfürstendamms ist auf dem La-Vigne-Plan von 1685 zu sehen (rot markiert).

damm die südliche Grenze. Jenseits davon, im Bereich des heutigen Ortsteils Wilmersdorf, werden sich noch lange nur Felder und Wiesen erstrecken.

In den 1860er Jahren befasste sich erstmals der damalige preußische Ministerpräsident Otto von Bismarck mit dem Kurfürstendamm. In einem Brief an König Wilhelm I. schlägt er 1868 vor, dort einen Reitweg anzulegen. Um diesen bis zum Grunewald zu verlängern, kauft der Fiskus im Jahr darauf einen vier Meter breiten Wegstreifen hinzu.

Bismarcks Vorstellung von der künftigen Rolle des Kurfürstendamms wurde maßgeblich von seinem Aufenthalt in Paris am Ende des Deutsch-Französischen Krieges von 1870 / 71 geprägt. Er war vor Ort, als die preußischen Truppen die französische Armee besiegt hatten, als im Spiegelsaal des Schlosses von Versailles das deutsche Kaiserreich ausgerufen wurde und wenig später die Stadt Paris kapitulierte. Er kannte die französische Hauptstadt, seit er sie im Alter von 27 Jahren erstmals besucht hatte. 1862 war er dort für kurze Zeit Gesandter Preußens. Aus seiner Kenntnis der großen städtebaulichen Achsen von Paris entwickelte der mittlerweile zum Reichskanzler avancierte Bismarck seine Vision für den Ausbau des Kurfürstendamms zu einer Prachtstraße, die mit den Avenuen der französischen Hauptstadt mithalten können sollte.

VORBILD CHAMPS-ELYSEES

So schrieb er am 15. Februar 1873 in einem Brief an den Geheimen Kabinettsrat von Wilmowski: »Die Straße am Kurfürstendamm wird nach den jetzt bestehenden Absichten viel zu eng werden, da dieselbe voraussichtlich ein Hauptspazierweg für Wagen und Reiter werden wird. Denkt man sich Berlin so wie bisher wachsend, so wird es die doppelte Volkszahl noch schneller erreichen, als Paris von 800 000 Einwohnern auf zwei Millionen gestiegen ist. Dann würde der Grunewald etwa für Berlin der Bois de Boulogne und die Hauptader des Vergnügungsverkehrs dorthin mit einer Breite wie die der Elysäischen Felder durchaus nicht zu groß bemessen sein.«

Zwei Jahre später wurde per Kabinettsorder die Breite des Kurfürstendamms auf 53 Meter zwischen den Fluchtlinien der Häuser festgelegt. Die Vorgärten sollten 7,50 Meter breit sein, die Bürgersteige vier Meter, jede der beiden Fahrbahnen zehn Meter und der Reitweg als Mittelpromenade ebenfalls zehn Meter. Damit wurde der Kurfürstendamm zwar weniger großzügig als die Champs-Elysées mit ihren 70 Metern Breite (und weniger breit als der Boulevard Unter den Linden mit seinen 58 Metern), seine Ausmaße waren aber immer noch deutlich großzügiger als die damals projektierten Wohnstraßen der westlichen Vororte von Berlin.

Der Ausbau des einstigen Knüppeldamms zur Prachtstraße des Neuen Westens war ein privatwirtschaftliches Vorhaben, und es dauerte einige Zeit, bis die nötigen Investoren gefunden waren. Erst 1881 entwickelte sich ein vielversprechendes Projekt. In London konstituierte sich das Konsortium »Kurfürsten Avenue Land Company Limited«. Dass die Interessenten nicht aus Deutschland kamen, wurde in der Berliner Illustrierten *Der Bär* kritisch kommentiert: »Leider waren es ausländische (englische) Kapitalisten, welche sich zuerst für die Idee der Herstellung einer prächtigen Verbindungsstraße zwischen dem Tiergarten resp. Zoologischen Garten und dem Grunewald erwärmen ließen.« Unterstützung kam dagegen von Kaiser Wilhelm I., der Bismarck schrieb: »Es wird Mir zur großen Freude gereichen, wenn die Bemühungen Erfolg haben, und werde Ich einer solchen Anlage, soweit es gesetzlich und finanziell thunlich sein wird, gern meine wohlwollende Förderung zuwenden.« Doch das Konsortium stieg aus, weil der deutsche Fiskus in den Verhandlungen immer neue Auflagen machte.

Der Durchbruch gelang 1882 durch das Engagement von John Cornelius Booth, einem aus Hamburg stammenden Baumschulenbesitzer, Unternehmer und Stadtentwickler. Er besaß im Gebiet zwischen der heutigen Fasanen- und der Rankestraße 26 Hektar Land, auf denen er eine Baumschule betrieb, und er war mit Bismarck befreundet. Als Vertrauensmann eines deutschen Konsortiums schloss Booth einen Vertrag mit der Königlichen Regierung, der auf einem Gegengeschäft beruhte. Er verpflichtete sich zur Anlage der Straße in der geforderten Breite von 53 Metern und erhielt dafür das Vorkaufsrecht auf 234 Hektar Gelände im Grunewald am westlichen Ende des Kurfürstendamms, um dort eine Villenkolonie zu errichten und zu vermarkten. Auf diese Weise war auch sichergestellt, dass der neue Boulevard nicht im Wald enden würde. Kurz darauf verkaufte Booth die Rechte an die Deutsche Bank, die rund 160 000 Quadratmeter Land am Kurfürstendamm erworben hatte. Unter ihrer Führung wurde mit einem Bankenkonsortium die »Kurfürstendamm-Gesellschaft« gegründet, die nunmehr die Führung beim Ausbau zu einer hochherrschaftlichen Wohnstraße übernahm.

Wenn zu jener Zeit vom Kurfürstendamm die Rede war, bezeichnete das eine längere Strecke als heute. Denn damals gehörte noch die heutige Budapester Straße zwischen Landwehrkanal und Zoo zum Kurfürstendamm, und dieser Abschnitt wurde zuerst mit prächtigen fünfgeschossigen Mietshäusern bebaut, beginnend mit der Hausnummer 1 dort, wo heute der Komplex des Hotels »Intercontinental« steht. 1925 erfolgte die Umbenennung dieses ersten Abschnitts des Kurfürstendamms in Budapester Straße, ein Name, den zuerst die Straße zwischen Potsdamer Platz und Brandenburger Tor trug. Als diese in Friedrich-Ebert-Straße umbenannt wurde,

Abb. 4. Der noch unbebaute Kurfürstendamm 1882: Siemens & Halske testet einen gleislosen elektrischen Wagen mit Oberleitung.

wollte man den ungarischen Namen nicht ersatzlos streichen und übertrug ihn daher auf den östlichsten Teil des Kurfürstendamms. So erklärt sich auch, warum der Kurfürstendamm westlich der Gedächtniskirche mit der Hausnummer 11 beginnt.

Eine Aufwertung der Grundstücke am Kurfürstendamm bedeutete die Eröffnung des Stadtbahnviadukts quer durch Berlin im Jahr 1882, weil dadurch drei S-Bahnhöfe entstanden, die das Gebiet an den öffentlichen Nahverkehr anschlossen: Halensee, Charlottenburg und Zoologischer Garten. Die erste Dampfstraßenbahn-Strecke vom Zoo über den Kurfürstendamm nach Halensee wurde erst vier Jahre später eröffnet.

Die ersten Häuser am mittleren Abschnitt des Kurfürstendamms waren freistehende Villen, die oft von parkähnlichen Gärten umgeben und weit von der Straßenfront abgerückt waren. Ein besonders prächtiges und gut dokumentiertes Beispiel ist die Villa Raussendorff von 1888, die auf dem Grundstück der späteren »Komödie« stand. Erbaut wurde die Villa vom Kaufmann Carl Friedrich Hugo Raussendorff, einem Grossisten für Drogerieartikel, dem der Bezirk Charlottenburg-Wilmersdorf eine beachtliche Kunstsammlung verdankt. Im selben Jahr war auf dem benachbarten Grundstück die Villa Hirschwald entstanden, Bauherr war Ferdinand Hirschwald, der einen der führenden Medizinverlage besaß. Die Villa war bis 1904 in Familienbesitz, danach wurde sie abgerissen – wie fast alle der wenigen Villen aus den Anfangsjahren des Kurfürstendamms, die im Zuge der durchgehenden Bebauung mit fünfgeschossigen Miethäusern weichen mussten.

Einen Eindruck von dieser einstigen Villenarchitektur bietet heute das »Wintergarten-Ensemble« in der Fasanenstraße unmittelbar am Boulevard. Die spätklassizistische Backstein-Villa mit Garten aus dem Jahr 1889 beherbergt heute das Literaturhaus und ein Café, in der benachbarten Villa von 1871 (die 1897 überformt wurde) befindet sich das Käthe-Kollwitz-Museum. Die anschließenden schmalen fünfgeschossigen Einfamilien-Reihenhäuser würde man heute als Townhouses bezeichnen. In der Fasanenstraße nördlich des Boulevards hat sich die Turmvilla Ilse aus dem Jahr 1872 erhalten, allerdings entspricht die Straßenfassade nicht mehr dem Original.

1895 erhielt der Kurfürstendamm sein bis heute markantestes Wahrzeichen: die Kaiser-Wilhelm-Gedächtniskirche. Obwohl sie formal ein Projekt des Evangelischen Kirchenbau-Vereins war, nahm Kaiser Wilhelm II. großen Einfluss auf das Bauwerk, mit dem sein Großvater Wilhelm I. geehrt und die Hohenzollerndynastie verherrlicht werden sollte. Der heutige Standort der Kirche war umstritten. Zwar gab es anfangs eine Präferenz für den damals »Platz F« genannten Standort, weil er an der von allen Seiten gut

Abb. 5. Anfangs wurden am Kurfürstendamm freistehende Villen gebaut. Das heutige Literaturhaus in der Fasanenstraße ist das einzige erhaltene Exemplar.

sichtbaren Schnittstelle von Hardenbergstraße, Kurfürstendamm und Tauentzienstraße lag. Aber in der Wettbewerbsausschreibung wurde dann der Wittenbergplatz genannt, für den der siegreiche Architekt Franz Schwechten seinen Entwurf vorgesehen hatte. Aber die Stadt Charlottenburg wollte den prestigeträchtigen Neubau unbedingt auf ihrem Gebiet haben, und weil auch Wilhelm II. den »Platz F« bevorzugte, wurde der heutige Standort festgelegt, dem man 1890 zum Geburtstag der Kaiserin den Namen »Auguste-Viktoria-Platz« gab.

Franz Schwechten, ein gebürtiger Kölner, hatte einen Entwurf im Stil der Neoromanik geliefert, der sich an den romanischen Kirchen im Westen des Landes orientierte und mit seiner imposanten Höhe von 113 Metern lange Zeit das höchste Bauwerk Berlins war. Die Anzahl der Türme und die Form des Vierungsturms erinnerten an das Bonner Münster, der Chor an die Marienkirche in Gelnhausen. Für die Fassade wurde Tuffstein benutzt, der in der Eifel vorkommt und für rheinische Kirchen Verwendung fand, in Brandenburg aber völlig unbekannt war. Aber Wilhelm II. mochte die Neoromanik sehr, weswegen er verfügte, dass auch die umliegenden Gebäude am Platz im neoromanischen Stil ausgeführt werden sollten, darunter das Haus westlich der Kirche, in das später das Kino »Gloria-Palast« einzog, sowie das Haus auf der östlichen Seite, in dem sich das »Romanische Café« als berühmtes Lokal der Literaten, Künstler und Intellektuellen etablieren sollte.

Die Kosten des Kirchenbaus waren in den vier Jahren Bauzeit von 650 000 Mark auf das Zehnfache gestiegen. Im In- und Ausland hatte man dafür gesammelt. Die Liste der Wohltäter, nach Höhe der Spenden geordnet, sollte – wie es in den Spendenaufrufen hieß – veröffentlicht und »den beiden Majestäten persönlich vorgelegt« werden. An der Spitze der Liste standen die Familien von Mendelssohn-Bartholdy und von Mendelssohn, deren Geschichte auf den jüdischen Philosophen Moses Mendelssohn zurückging, die aber protestantische Christen waren. Dennoch wurde ihr Engagement von Antisemiten kritisiert. »Ob wohl der alte Kaiser damit einverstanden wäre, dass die Juden die zu seinem Gedächtnis errichtete evangelische Kirche mit bauen helfen?«, fragte die Zeitung *Volk*. Wegen des Artikels »Die Judengeldsammler für die Berliner Kirchenbauten« im *Generalanzeiger* kam es sogar zu einem Gerichtsprozess, in dem der Berichterstatter zu einem Jahr und der Redakteur zu zwei Monaten Gefängnis wegen Majestätsbeleidigung verurteilt wurden – nicht etwa wegen Volksverhetzung. Die sozialistische *Volks-Zeitung* befand dagegen: »Solange man unseren jüdischen Mitbürgern noch nicht verwehrt, christliche Kirchen bauen zu helfen, so lange ist in Deutschland die Toleranz doch noch kein leerer Wahn.«

Mit der Kaiser-Wilhelm-Gedächtniskirche hatte der Neue Westen zwar ein sichtbares Wahrzeichen erhalten, weite Strecken des Kurfürstendamms aber waren noch unbebaut. Es gab einzelne, zurückgesetzte Villen, Gärtnereien, eine Baumschule, Felder und Wiesen und Spargelbeete in Halensee. Diese Leere beschreibt der junge Kritiker Alfred Kerr 1897 in einem seiner »Plauderbriefe«, die er regelmäßig für die *Königsberger Allgemeine Zeitung* verfasste. Zwar nennt er den Kurfürstendamm die »große Berliner Zukunftsstraße«, aktuell aber sei er »nur eine Durchgangsstraße. Man hält sich dort nicht auf, weil sie zwischen Berlin und der Kolonie Grunewald liegt, von denen bald das eine, bald das andere lockt, das heißt man geht nach Berlin ins Theater [...] oder man fährt in den Grunewald zum Luftschnappen«. In der Mitte aber sei man »umgeben von Bauplätzen und Wüste.« Das »Übel« sei, »dass der Kurfürstendamm nicht hott und nicht hüh ist, dass er zwischen zwei Konkurrenzpunkten des Verkehrs in der unglücklichen Mitte liegt«.

DIE AVANTGARDE VOM »CAFÉ GRÖSSENWAHN«

Im selben Jahr wie die Kaiser-Wilhelm-Gedächtniskirche wurde ein neobarockes Haus am Kurfürstendamm / Ecke Joachimsthaler Straße fertiggestellt (das spätere Kranzler-Eck), in dem mit dem »Kleinen Café« des Ehepaares Kirchner die Kaffeehaus-Tradition des Boulevards begann. In den umliegenden Wohnhäusern hatten schon ein paar Künstler Ateliers gemietet, und anstatt sich zum Vergnügen in die alte Mitte Berlins zu begeben, trafen sie sich in

Abb. 6. Der Kurfürstendamm an der Ecke Joachimsthaler Straße mit der Kaiser-Wilhelm-Gedächtniskirche im Jahr 1902. Im Haus mit der großen Kuppel halblinks eröffnete 1895 das erste Café am Boulevard, das sich bald »Café des Westens« nannte. 1932 zog dort das »Café Kranzler« ein.

dem neuen Café um die Ecke. Bald zog es auch Künstler aus der Innenstadt in das Lokal, das seit 1898 unter dem Namen »Café des Westens« firmierte – analog zum »Theater des Westens«, das kurz zuvor in der Kantstraße fertig geworden war. Ab 1907 gab es mit dem »Kaufhaus des Westens« eine weitere Institution, die ihre Lage im Neuen Westen im Namen trug (ein Zusatz, der nicht – wie heute viele glauben – aus der Zeit der geteilten Mauerstadt stammt).

Das »Café des Westens« entwickelte sich zum bedeutendsten Treffpunkt der kulturellen Avantgarde, weshalb es schon bald liebevoll-scherzhaft »Café Größenwahn« genannt wurde. 1900 gründete Ernst von Wolzogen dort sein Kabarett-Theater »Überbrettl«, zur selben Zeit probte Max Reinhardt, damals noch Charakterdarsteller am Deutschen Theater, in einem Nebenzimmer seine Don-Carlos-Parodie, auch die Idee für das Kabarett »Schall und Rauch« wurde dort geboren. Zu den Stammgästen zählten u. a. der Theaterkritiker Alfred Kerr, der Publizist Maximilian Harden, der Dichter Christian Morgenstern, die Dramatiker Frank Wedekind und Carl Sternheim sowie der Komponist Richard Strauss. Selbst das Personal machte sich einen Namen, etwa der eigens angestellte »Zeitungskellner« Richard Frankewitz oder der Oberkellner »Herr Hahn«, der mit den Mäzenen unter den Gästen stillschweigende Absprachen traf, für welche mittellosen Künstler sie die Rechnungen beglichen – ausgenommen alkoholische Getränke.

Um den Kunstkritiker Herwarth Walden und seine Ehefrau, die Dichterin Else Lasker-Schüler, bildete sich ein Freundeskreis, der sich ebenfalls regelmäßig im »Café des Westens« traf. Dazu gehörten die Schriftsteller Erich Mühsam, Richard Dehmel, Julius Hart, Peter Hille sowie der Arzt und Dichter Alfred Döblin. Auch der Kunsthändler Paul Cassirer und seine Gattin, die Schauspielerin Tilla Durieux, gehörten zu dieser Runde. In dem Café entwickelte Walden die expressionistische Wochenschrift *Der Sturm*, die 1910

Abb. 7. Außen üppiger Bauschmuck, innen falsches Rokoko: Im »Café des Westens« traf sich die Avantgarde aus Literatur, Theater und Kunst.

erschien. Auch die linke Zeitschrift *Die Aktion* von Franz Pfemfert, deren erstes Heft 1911 herauskam, wurde dort konzipiert.

Die Atmosphäre beschrieb der Journalist Hans Ostwald in seinem Buch *Berliner Kaffeehäuser* von 1905: »Dicke, überhitzte Luft brütet in dem kleinen Eckcafé [...] Billige Gobelins an den Wänden. Verräucherter Stuck an den Decken. Alles in einem lächerlich falsch verstandenen Rococo. Aber gerade diese niedrigen, schlecht geschmückten Decken, die keine genügende Ventilation ermöglichen, gerade dies enge Beisammensein, zu dem die kleinen Räume nötigen – gerade das macht die Gemütlichkeit des Lokals. Gerade das lockt all die jungen Leute von Berlin W. hierher, die es in ihren Ateliers nicht gemütlich haben – und in deren möblierten Zimmern es im Winter scheußlich kalt ist.«

Im »Café des Westens« sah man auch viele Frauen, die selbstbewusst ihren Anspruch auf Emanzipation demonstrierten, u. a.

Abb. 8. Kurfürstendamm/Ecke Schlüterstraße: Ein besonders prächtiger neobarocker Wohnpalast aus dem Jahre 1906.

durch die avantgardistischen modischen Kreationen, die sie dort vorführten. »Sie sitzen in wundersamen Kleidern von Seide und Sammet, in Eigenkleidern manche, komponiert nach geistreichen Entwürfen strebsamer Altersgenossen, in berauschenden Blusen, in seltsam gerafften Röcken«, schrieb 1913 der Besitzer Ernst Pauly in seinem Erinnerungsband *20 Jahre Café des Westens.* »Und verwegene Hüte, Kappen und Schuten decken die Köpfchen, verbergen schelmisch das Gesicht oder beschatten die neugierigen Augen.«

Das zweite Café am Kurfürstendamm war das »Café Möhring«, mit dem sich der 24-jährige Konditormeister Oscar Möhring 1898 an der Ecke Uhlandstraße in einem neobarocken Wohnpalast selbstständig machte. Es wurde bekannt vor allem für seinen Baumkuchen und entwickelte sich zu einem der traditionsreichsten Kaffeehäuser in Berlin, dem weitere Filialen folgten (das Café Ecke Uhlandstraße bestand bis nach dem Fall der Mauer, die letzte Filiale im Weinhaus Huth schloss 2013). Als drittes Café eröffnete 1902 die »Conditorei Schilling« – seit 1843 ansässig in der Friedrichstraße – eine Filiale in einem Jugendstil-Haus am Anfang des Boulevards. Es wurde zu einem Treffpunkt eleganter Damen, die nach dem Einkauf oder Bummel hier einkehrten. Der flanierende Herr suchte und fand dort seinen Flirt, weshalb die 120 Quadratmeter große Terrasse vor dem Haus das »Heiratskontor« genannt wurde. Später galt das Lokal als Treffpunkt des jüdischen Bürgertums. Das »Café Schilling« bestand bis in die siebziger Jahre.

1904 eröffnete am westlichen Ende des Kurfürstendamms der Luna-Park, der zum größten Vergnügungspark Europas wurde. Es begann mit einem dreigeschossigen Terrassen-Restaurant von August Aschinger am abschüssigen Ufer des Halensees, dann folgte eine Attraktion nach der anderen: eine Wasserrutschbahn, eine Gebirgsbahn, ein Wellenbad, eine Wackeltreppe mit einem Gebläse am Ende, das die Röcke der Damen hob. Nach dem Vorbild von Coney Island in New York gab es jede Nacht ein großes Feuerwerk, dazu Theater, Revuen, Kabarett, Tanzturniere und gelegentlich Boxkämpfe. Die Restaurants, darunter ein Bayern-Dorf, hatten eine Kapazität von 16 000 Sitzplätzen. In den Anfangsjahren zählte man täglich 50 000 Besucher.

Am Kurfürstendamm kam die Bebauung mit prächtigen Mietshäusern voran, die bevorzugten Architekturstile waren – wie überall in Berlin – Neobarock und Neorenaissance. Ein besonders prächtiges Beispiel in seiner Mischung aus Neobarock und Jugendstil ist das Haus Nr. 59/60, das mit drei Kuppeln die Ecke zur Leibnizstraße beherrscht. Eigentümer der Grundstücke war seit 1905 der Zimmermeister und Regierungsbaumeister Carl Toebelmann, der die leeren Parzellen zunächst als »Sportplatz für Lawn-Tennisspiel« vermietete. Zusammen mit Henry Groß, mit dem er ein Architekturbüro betrieb, entwickelte er Pläne für einen großbürgerlichen Wohnpalast. Gegenüber der Baupolizei baten sie um eine Ausnahme von der Verordnung, »wonach Dachaufbauten nicht höher als ein Drittel der zulässigen Fronthöhe hoch geführt werden dürfen«. Demnach hätte die von drei Kuppeln bekrönte Ecke nur 29,33 Meter statt der gewünschten 35 Meter erhalten dürfen. Toebelmann und Groß argumentierten mit der herausgehobenen Ecklage des Gebäudes und erhielten die Ausnahmegenehmigung.

Die Wohnungen im Haus zählten zu den größten am Kurfürstendamm. Auf jeder Etage gab es nur zwei: eine mit elf Zimmern auf 575 Quadratmetern Fläche und eine mit acht Zimmern auf 410 Quadratmetern. Jede der zentral beheizten Wohnungen hatte eine 30 Quadratmeter große Diele, Bad und separate Toilette und einen Balkon. Selbst die zwei Dienstmädchenzimmer hatten ein eigenes Bad. Zu den ersten Mietern zählten u. a. die Familien des

Abb. 9. Drei Kuppeln markieren die Ecke zur Leibnizstraße. Früher gab es hier nur zwei Wohnungen pro Etage, eine mit 575 und eine mit 410 Quadratmetern.

Fabrikanten Ernst Schwarz, des Justizrats und Rechtsanwalts beim Berliner Landgericht, Bernhard Kraft, sowie des Rentiers Emil Seeligmann Pringsheim, der seine Fabrik in Dresden verkauft hatte, um mit der Familie nach Berlin zu gehen. In die Geschäftsräume im Erdgeschoss zog die Commerzbank (die bis heute dort residiert).

Mit den Jahren sah man am Boulevard aber auch Fassaden emporwachsen, die in ihrem überbordenden Dekor stilistisch kaum noch zu bestimmen waren. Zeitgenössische Kritiker bezeichneten sie abwertend als »Kurfürstendamm-Architektur«. So schrieb der Publizist Max Osborn in seinem Buch *Berlin* von 1909 (aus der Reihe »Berühmte Kunststätten«, Band 43): »Immer höher gingen die Wellen der historischen Baukunst. Die Schleusen waren einmal geöffnet, und die Stile der Vergangenheit brachen ungehemmt

Abb. 10. Ein Beispiel für die Dekorationsorgien um 1900. Damalige Kunstkritiker sprachen abwertend von »Kurfürstendamm-Architektur«. Das Haus Ecke Konstanzer Straße wurde im Zweiten Weltkrieg zerstört. Heute würde man seine Fassaden sorgfältig restaurieren.

Kurfürstendamm, Ecke Olivaer Platz

herein. Hoch- und Frührenaissance und Barock meldeten sich zu gleicher Zeit zu Worte. [...] ›Pompöse‹ Portale, ›prächtige‹ Säulen und Pilaster, aufgeklebte Stuckgiebel über den Fenstern, wahllos zusammengewürfelte Ornamente aus allen Zeiten und Ländern, womöglich noch Kuppeln und Türme und rohe, fabrikmäßig hergestellte Giebelfiguren sollten den Wohnsitz für Gevatter Schneider und Handschuhmacher abgeben. Eine unehrliche und unruhige, von wahrer Kunst himmelweit entfernte Bauart griff Platz.«

Man versteht die Kritik bis heute, wenn man auf alten Fotografien die wildesten Exzesse der Dekoration an Häusern betrachtet, die alle im Zweiten Weltkrieg zerstört oder danach abgerissen wurden, etwa das einstige Eckhaus zur Konstanzer Straße mit einem klobigen Eckaufsatz, das der Architekt Georg Isaac 1904 in einer kruden Stilmischung entwarf. Aber selbst dieses Gebäude würde, wenn es heute noch stünde, mit all seinen Details sorgsam gepflegt, und es fände sich bestimmt eine Luxusmarke, die dort gerne ein Geschäft eröffnen würde. Nach Jahrzehnten der Ausnüchterung in der Architektur empfindet das Publikum die meisten Fassaden des Historismus schon lange nicht mehr als überladen, sondern als Labsal für die Augen. Deshalb werden noch die letzten Stuckreste sorgfältig konserviert und ergänzt. Man stelle sich den Boulevard ohne die vor 1914 entstandenen Häuser vor, und man erkennt: Die Aura des Kurfürstendamms wäre dahin.

DIE ERSTE AUSSTELLUNG IN DEUTSCHLAND MIT PABLO PICASSO

Dem konservativen Repräsentationsbedürfnis des Wilhelminismus an der Prachtstraße des Westens trat die Künstlerbewegung der Berliner Secession entgegen, die 1905 ihre Räume an der Kantstraße aufgab und in ein schlossähnliches, niedriges Gebäude am Kurfürstendamm Nr. 208/209 zog (in dem später das »Theater am Kurfürstendamm« spielte). Die Secession war 1898 als Gegenpol zum bis dahin dominierenden akademischen Kunstbetrieb gegründet worden und hatte schon in ihrer ersten Ausstellung 330 Bilder und Grafiken sowie 50 Skulpturen gezeigt; die Künstler stammten jeweils zur Hälfte aus Berlin und aus München.

Die Räume der Secession am Kurfürstendamm wurden zu einem weltweit bekannten Anziehungspunkt. Man konnte dort Werke sehen u. a. von Max Beckmann, Wassily Kandinsky, Paul Klee, Käthe Kollwitz, Edouard Manet, Claude Monet, Edvard Munch, Emil Nolde und Heinrich Zille. In der Sommerausstellung 1912 wurden – erstmals in Deutschland – auch fünf Werke des damals 30-jährigen Pablo Picasso präsentiert, darunter *Die Dame mit dem schwarzen Hut*. Unterstützung bekamen viele dieser Künstler von Mäzenen wie dem Industriellen und Politiker Walther Rathenau, dem Kaufmann Richard Israel, den Bankiers Julius Stern und Carl Rudolf Fürstenberg. Ohne diese Geldgeber aus dem liberalen, oft jüdischen Berliner Großbürgertum wäre die Entwicklung der modernen Kunst in Berlin wohl anders verlaufen.

Wie überhaupt die besondere Kultur am Kurfürstendamm auch der großen jüdischen Gemeinde dort zu verdanken war. Das Statistische Jahrbuch von Charlottenburg ermittelte im Jahr 1910 exakt 35 811 Bewohner am Boulevard, davon waren 23 Prozent »Israeliten«, 64 Prozent evangelische und 11 Prozent römisch-katholische Christen. Die wachsende jüdische Gemeinde im Neuen Westen hatte 1905 die Grundstücke Fasanenstraße 79 und 80 nahe dem Kurfürstendamm gekauft, um dort die erste Synagoge außerhalb der damaligen Stadtgrenzen Berlins zu errichten. 1912 wurde das im romanisch-byzantinischen Stil gestaltete Gotteshaus für 1720 Besucher eingeweiht. Es brannte in der Reichspogromnacht

Abb. 11. Der Straube-Plan von 1910 zeigt, dass der obere Teil des Kurfürstendamms damals noch unbebaut war. Am rechten Bildrand erkennt man ein langes, schmales Grundstück mit der Villa Raussendorff, die bald darauf abgerissen wurde.

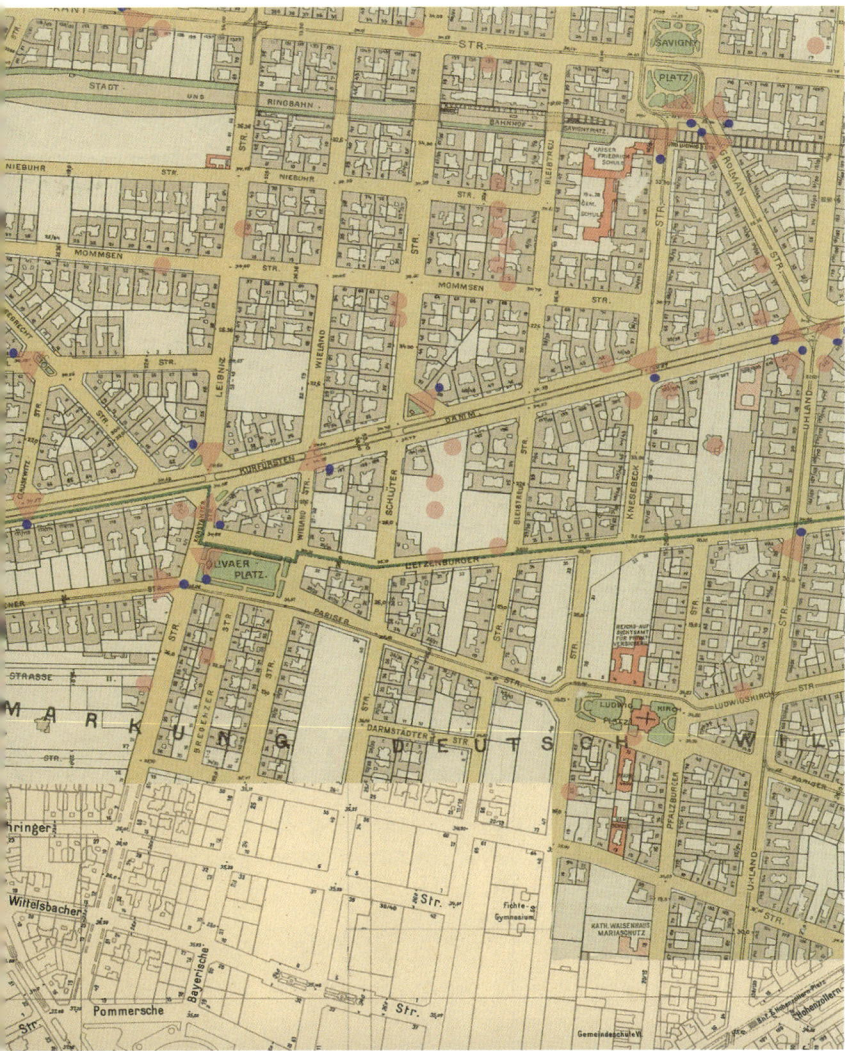

Abb. 12. Entwurf von 1910 für ein privat finanziertes Opernhaus am Kurfürstendamm. Das Projekt scheiterte, es gab nicht genügend Investoren.

1938 aus und wurde nach dem Zweiten Weltkrieg abgerissen. Das ehemalige Eingangsportal hob man auf und integrierte es in den modernen Neubau, der 1959 am selben Standort eingeweiht wurde.

1913 erlebte der Kurfürstendamm seine erste Immobilien-Pleite, um die sich eine der interessantesten Geschichten aus der Frühzeit des Boulevards rankt. Sie beginnt mit dem Plan des Bankiers Fedor Berg, auf zwei von ihm erworbenen Grundstücken zwischen Schlüterstraße und Bleibtreustraße ein Opernhaus zu errichten, und zwar »das größte Opernhaus der Welt«. 1912 sollte es fertig sein, denn dann wurden die Aufführungsrechte an den Werken von Richard Wagner frei, und Berg glaubte, ein »Berliner Bayreuth« am Kurfürstendamm könne ein gutes Geschäft werden. Anfang 1910 lud er die bekanntesten Architekten Deutschlands und Österreichs zum Wettbewerb: »Ich bitte binnen sechs Wochen um

Abb. 13. Statt einer Oper wurde 1912 zwischen Bleibtreu- und Schlüterstraße ein Luxushotel errichtet. Es machte bald Pleite. Heute ist es ein Wohnhaus.

Entwürfe für ein Theater mit drei Rängen für etwa 2700 Personen, 15-16 m Bühnenbreite, Orchester für 120 Musiker und entsprechende Nebenräume bei höchstens drei Millionen Baukosten und möglichst guter Ausnutzung des wertvollsten Straßenlandes für mein Grundstück zwischen Kurfürstendamm und Lietzenburger Straße.« Finanzieren wollte er das Projekt durch die Ausgabe von Anleihen und Anteilscheinen, dann sollte es als private Aktiengesellschaft betrieben werden. Selbst in den USA wurde für das Vorhaben geworben. Aber es fanden sich nicht genug musikbegeisterte und risikofreudige Investoren.

Also fasste Berg einen neuen Plan. Ein riesiges Luxushotel mit 600 Zimmern sollte nun entstehen, das erste seiner Art im jungen Berliner Westen, »ein neuer Typus des weltstädtischen Wohn- und Gasthauses vornehmsten Stils« mit einer »wahrhaft genialen

Vereinigung des gesamten raffinierten und luxuriösen Komforts«, wie es in einer Werbebroschüre hieß. Der »Boarding Palace« sollte sich messen können mit dem Hotel »Adlon« am Pariser Platz, das drei Jahre zuvor eröffnet hatte. Dessen Architekten Robert Leibnitz engagierte Berg auch für sein Projekt. Allerdings schwebte Berg ein etwas anderes Konzept vor: Ähnlich einem amerikanischen Boardinghouse sollte es vor allem auf die Bedürfnisse von Gästen ausgerichtet sein, die sich länger als nur für ein paar Tage einmieten wollten: Geschäftsleute, abkommandierte Offiziere oder Beamte, alleinstehende Senioren oder junge Ehepaare, die noch keinen eigenen Haushalt gründen wollten. Ihnen wurden Privatwohnungen mit Bedienung angeboten, eine Badeanstalt, Restaurants, Schreib- und Lesezimmer, eine American Bar, ein Festsaal, eine Confiserie.

Robert Leibnitz entwarf einen Komplex, der zwischen Kurfürstendamm und rückwärtiger Lietzenburger Straße drei großzügige Innenhöfe bildete. Die Fassaden im Stil der Reformarchitektur waren deutlich schlichter als bei den Palästen der Gründerzeit. Die Front zum Kurfürstendamm rhythmisierte er durch drei Erker-Paare mit Balkonen dazwischen, das Erdgeschoss öffnete sich mit hohen Rundbögen zum Boulevard. Die Finanzierung des Projekts schien gesichert, einen Großteil der notwendigen Mittel wollte Fedor Berg aus eigener Tasche beisteuern. 1911 begannen die Bauarbeiten, und bereits im folgenden Jahr nahm das Appartement-Hotel den Betrieb in den ersten fertiggestellten Gebäudeflügeln auf. Aber die Baukosten waren aus dem Ruder gelaufen, und es kamen nur wenige jener begüterten internationalen Gäste ins Haus, auf deren Kaufkraft man gesetzt hatte. Noch vor der kompletten Fertigstellung des Hauses musste Berg 1913 Konkurs anmelden. Der Gerichtsvollzieher versteigerte das edle, neuwertige Mobiliar zu Dumpingpreisen.

Von der Dresdener Hotel-AG Sendig übernommen, wurde das Haus als Luxushotel bis zum Ausbruch des Ersten Weltkriegs unter dem Namen »Haus Cumberland« weitergeführt. Danach war es überwiegend im Besitz der öffentlichen Hand und wurde von verschiedenen Behörden genutzt, nach dem Zweiten Weltkrieg durch die Oberfinanzdirektion. Im Jahr 2000 kaufte die Unternehmensgruppe von Anno August Jagdfeld, die nach dem Fall der Mauer bereits das neue Hotel »Adlon« am Pariser Platz errichtet hatte, das Gebäude und plante, daraus ein »Adlon des Westens« zu machen. Es fand sich aber kein Pächter, und als nach den Anschlägen vom 11. September 2001 weltweit das Hotelgeschäft einbrach, gab Jagdfeld die Immobilie an den Bund und das Land Berlin zurück. Von 2003 an stand sie bis auf die Geschäfte im Erdgeschoss leer, gelegentlich nutzten Filmproduktionen die Räume für Dreharbeiten (u. a. *The Bourne Supremacy* und *Hotel Lux*). Ab 2010 wurde ein Großteil des Komplexes in Eigentumswohnungen umgewandelt, und in der erhaltenen mondänen Lobby des einstigen Hotels eröffnete das Café-Restaurant »Grosz« (das 2019 wieder schließen musste).

1913 wurden auch zwei Neubauten am Beginn des Kurfürstendamms fertiggestellt, die erstmals ausdrücklich für die Nutzung als Filmtheater entworfen worden waren und bis heute erhalten sind: das »Marmorhaus« und das »Union Theater« (später »Filmbühne Wien«). Auch die Architekten dieser Häuser hatten den dekorativen Historismus hinter sich gelassen. Die Attraktion des »Marmorhauses« war eine flache, klassizistische Fassade ganz aus hellgrauem Marmor mit einem fensterlosen Mittelrisalit, der sich ideal für Ankündigungsplakate eignete. Das »Union Theater« ist ein herausragendes Beispiel für den wilhelminischen Neoklassizismus. Es beherrscht den Boulevard mit einer gewaltigen Tempelfront aus grauem Muschelkalk. Über einem Sockel mit Rundbögen tragen vier Kolossalsäulen ein wuchtiges Gebälk und einen

Abb. 14. Ein Boulevard, drei Verkehrsmittel (1913): die Tram, Reiter auf dem Mittelstreifen und die erste U-Bahnstation am Kurfürstendamm (Uhlandstraße).

Abb. 15/16. 1913 wurden die ersten Filmtheater am Boulevard errichtet: das »Union Theater« (links, später »Filmbühne Wien«) und das »Marmorhaus«.

Dreiecksgiebel. Unter dem Kinosaal, der die Obergeschosse ausfüllte, gab es im Erdgeschoss ein großes Konzert-Café mit einem Tanzsaal. Im rechts anschließenden Anbau mit vier Skulpturen als Schmuck hatte die Verwaltung ihren Sitz. Beide Gebäude werden seit 2000 bzw. 2001 nicht mehr als Kino genutzt.

Im Oktober 1913 wurde der Kurfürstendamm an das U-Bahnnetz angeschlossen. Die Station »Uhlandstraße« war die erste auf der geplanten Strecke vom Wittenbergplatz nach Halensee. Wer zu jener Zeit an der Straßenkreuzung Kurfürstendamm / Uhlandstraße stand, konnte ein eigentümliches Zusammenspiel der Verkehrsmittel betrachten: Während die Straßenbahn vorbeifuhr und Benutzer der U-Bahn aus dem Untergrund die Treppen heraufstiegen, sah man auf der Mittelpromenade immer noch Reiter hoch zu Ross auf dem Weg in den Grunewald. Die Verlängerung der U-Bahn nach Westen wurde nie ausgeführt, und so ist der Bahnhof »Uhlandstraße« bis heute der Endpunkt der Linie 1. (Eine Fortführung nach Westen blieb aber in Planung: Unter dem U-Bahnhof Adenauerplatz aus den 1970er Jahren befindet sich der Rohbau eines weiteren Bahnhofs für die U1, auch beim Bau des ICC hat man im Verlauf der Neuen Kantstraße entsprechende Bauvorbereitungen getroffen.)

Während des Ersten Weltkriegs wurde das »Café des Westens«, das 1913 in das neue »Union Theater« einige Häuser weiter umgezogen war, zu einem Treffpunkt der Pazifisten. Einer der Stammgäste, der junge Schriftsteller Wieland Herzfelde, war als Freiwilliger an die Front in Flandern gezogen, kehrte aber 1915 erschüttert nach Berlin zurück und engagierte sich fortan gegen Krieg und Militarismus. Im »Café des Westens« fand er Gleichgesinnte: seinen Bruder Helmut Herzfeld (der sich aus Solidarität mit England »John Heartfield« nannte und ein bekannter Grafiker und Montagekünstler wurde), den Dichter Johannes R. Becher (der Verfasser der DDR-Nationalhymne), den Philosophen Martin Buber, den Schriftsteller Walter Benjamin und den Maler George Grosz, der mit Zeichnungen und Gemälden bekannt wurde, auf denen er das hässliche Gesicht der spätwilhelminischen Gesellschaft und des Krieges zeigte. 1916 gründete Wieland Herzfelde in seiner Dachwohnung am Kurfürstendamm 76 den Malik-Verlag, der zu einer wichtigen Stimme der Gesellschaftskritik und der Dada-Bewegung wurde.

Gegen Ende des Krieges hatte das »Café des Westens« seinen besonderen Rang als Treffpunkt der Literaten, Künstler und Intellektuellen verloren. Die waren weitergezogen ins »Romanische Café« östlich der Kaiser-Wilhelm-Gedächtniskirche, dem sie zu einem ebenso legendären Ruf verhalfen. Es war der Vorabend der November-Revolution, bald sollte die Republik ausgerufen werden und der Kaiser abdanken. Für den Kurfürstendamm begann ein neues Kapitel.

Abb. 17. Emanzipierte Frauen: »Berliner Café«, ein Aquarell der Künstlerin und Ku'damm-Bewohnerin Jeanne Mammen (um 1930).

II. KAPITEL : 1918 bis 1933
BÜHNE DER WELTSTADT

Der Epochenwechsel vom Kaiserreich zur Weimarer Republik begann in Berlin am 9. November 1918, als die revoltierenden Matrosen aus Kiel durch das Brandenburger Tor marschierten. Von einem Balkon des Reichstagsgebäudes aus verkündete der Sozialdemokrat und Vizepräsident des deutschen Parlaments, Philipp Scheidemann: »Das alte Morsche ist zusammengebrochen; der Militarismus ist erledigt! Die Hohenzollern haben abgedankt! Es lebe die deutsche Republik!« Zwei Tage später war zwar mit dem Waffenstillstand von Compiègne der Erste Weltkrieg vorbei, aber in den Berliner Arbeitervierteln lieferten sich linke Revolutionäre und rechte Freikorpsverbände erbitterte Straßenschlachten. Im Neuen Westen dagegen blieb es ruhig. Am 10. November, einem strahlenden Herbst-Sonntag, promenierte man am Kurfürstendamm. Tram und U-Bahn verkehrten wie üblich.

Am östlichsten Abschnitt des Boulevards, der heutigen Budapester Straße, richtete am 15. Januar 1919 die Garde-Kavallerie-Schützen-Division im vornehmen Hotel »Eden« ihr Hauptquartier ein und verhörte dort die kommunistischen Führer Rosa Luxemburg und Karl Liebknecht. Sie wurden misshandelt und auf dem Weg ins Moabiter Untersuchungsgefängnis im Tiergarten ermordet.

Aber am Kurfürstendamm machte man schon bald dort weiter, wo man vor dem Krieg aufgehört hatte. Dabei wurde das Tempo des Wandels schneller, und mit jeder Neuerung nahm auch der öffentliche Streit über die Entwicklung des Boulevards zu. Was die einen als modern und international priesen, empfanden andere als unmoralisch oder undeutsch. Und es sollte nicht bei verbalen Auseinandersetzungen bleiben. Die Agitation der nationalistischen und völkischen Kreise führte Ende der zwanziger Jahre zu antisemitischen Attacken und Pogromen, schließlich in die Herrschaft der Nationalsozialisten, zur Vertreibung vieler Bewohner des Kurfürstendamms und zu seiner Zerstörung am Ende des Zweiten Weltkriegs.

Schon zu Beginn des Jahres 1919 wurde am Kurfürstendamm wieder Filmgeschichte geschrieben. Es begann der Umbau der Ausstellungshallen am Zoologischen Garten zum Ufa-Palast mit 1740 Plätzen. Am 18. September 1919 lud man zur Premiere des Films *Madame Dubarry* von Ernst Lubitsch mit Pola Negri und Emil Jannings in den Hauptrollen. Kein halbes Jahr später, am 26. Februar 1920, wurde im »Marmorhaus« *Das Kabinett des Dr. Caligari* uraufgeführt, ein Meisterwerk des Expressionismus und der berühmteste deutsche Stummfilm. Er hatte großen Einfluss nicht nur auf den Film, sondern auch auf Architektur und Design. In den Läden, auf Plakaten und Buchcovern, überall zeigte sich der »Caligari-Stil« der harten Kontraste und stürzenden Linien.

Im April desselben Jahres bezog die junge Künstlerin Jeanne Mammen mit ihrer Schwester Mimi eine Zweizimmerwohnung im Hinterhof des Hauses Kurfürstendamm 29. Sie waren in Berlin in eine wohlhabende Kaufmannsfamilie geboren worden, als Kinder mit der Familie nach Paris gezogen und hatten dort und in Brüssel Malerei studiert. Im Zuge des Ersten Weltkriegs musste die Familie Frankreich verlassen, nach einer Zeit in den Niederlanden kehrten die Mammens mittellos nach Berlin zurück, wo die Schwestern als Illustratorinnen für verschiedene Zeitschriften ihren Lebensunterhalt verdienten. Jeanne Mammen hat in ihren Zeichnungen und Aquarellen auch das damalige Leben in den Cafés des Kurfürstendamms festgehalten. Ihre Bilder gehören inzwischen zu den ikonischen Darstellungen des Boulevards. Bis zu ihrem Tod im Jahr 1976 wohnte Jeanne Mammen im Hinterhof am Kurfürstendamm. Die Wohnung im vierten Stock ist heute ein kleines Museum und kann nach Voranmeldung besichtigt werden.

In den Jahren 1919 bis 1921 verzeichnete Berlin einen starken Zuzug von Russen, die nach der Oktober-Revolution vor den neuen kommunistischen Machthabern geflohen waren, vor allem Intelligenzia, Großbürgertum und Aristokratie. Und Tausende von ihnen siedelten sich im Neuen Westen an. »Die ganze Gegend zwischen dem Wittenbergplatz und der Kaiser-Wilhelm-Gedächtniskirche mit allen Querstraßen und weiter den Kurfürstendamm hinunter schien sich willenlos dieser russischen Invasion unterworfen zu haben. Jeder zweite Mensch auf der Straße, in den Läden und Kaffeehäusern sprach Russisch oder ein fremdartiges Deutsch«, erinnert sich Nicolas Nabokov, ein Cousin des Schriftstellers Vladimir Nabokov und späterer Intendant der »Berliner Festwochen«. Charlottenburg hieß bei den Berlinern nun »Charlottengrad«. Nach Angaben des Völkerbundes sollen damals rund 300000 Russen in der Reichshauptstadt registriert gewesen sein, darunter Boris Pasternak, Marc Chagall, Vladimir Horowitz und Maxim Gorki, der vorübergehend am Kurfürstendamm 203 wohnte. Die russische Verlagsgesellschaft »Kultura« betrieb eine Bibliothek und eine Buchhandlung am Kurfürstendamm 180. Der Schriftsteller Andrej Belyj, 1921 nach Berlin emigriert und zwei Jahre lang Bewohner der Stadt, hat diese Kultur in seinem Essay *Im Reich der Schatten* beschrieben. Von ihm ist der schöne Satz überliefert: »Wenn wir einst, Leser, das Zeitliche gesegnet haben, so glauben Sie mir: Wir werden auferstehen in einem Café am Kurfürstendamm.«

Aber auch in Berlin nahmen die gewalttätigen politischen Auseinandersetzungen zu. Im Juni 1922 erreichten sie den Grunewald

Abb. 18. Der Kurfürstendamm zwischen Uhlandstraße (links) und Gedächtniskirche im Jahre 1919. Man erkennt die Synagoge Fasanenstraße (1), das »Theater des Westens« (2), das Café des Westens« (3), den Bahnhof Zoo (4), den Zoologischen Garten (5) und das Eckgebäude mit dem »Romanischen Café« (6). Dort steht heute das Europa-Center.

am westlichen Ende des Kurfürstendamms: Der Außenminister und Industrielle Walther Rathenau wurde auf der Königsallee von Mitgliedern der nationalistischen Organisation Consul erschossen. Als Jude und »Erfüllungspolitiker« der Westmächte galt er den rechtsextremen Attentätern in zweifacher Hinsicht als Feind. In den Tagen nach dem Mord zogen Hunderttausende Anhänger der Republik über den Kurfürstendamm zum Tatort, um gegen den konterrevolutionären Terror zu protestieren. Es waren die größten Demonstrationen, die der Boulevard bis dahin erlebt hatte. Aber der Bürgerkrieg, auf den die Täter gesetzt hatten, blieb aus.

IM »ALHAMBRA« LÄUFT DER ERSTE TONFILM DER WELT

Zwei Monate später wurde im »Alhambra«-Kino (am heutigen Adenauerplatz) der erste Tonfilm der Welt gezeigt. Es war ein experimenteller Film, für den die drei Erfinder Jo Engl, Joseph Massolle und Hans Vogt mit ihrem Lichttonverfahren, dem Tri-Ergon-System, die technischen Grundlagen geschaffen hatten – zunächst ohne Erfolg. Künstlergewerkschaften fürchteten um die Arbeitsplätze der Musiker, die bisher die Stummfilme live untermalt hatten, Kritiker fürchteten um die Zukunft der Schauspielkunst. »Der Tonfilm verdirbt Gehör und Augen«, hieß es auf Plakaten. Erst Jahre später, als Tonfilme aus den USA in den Berliner Kinos Erfolge feierten, nahm das Publikum das neue Genre an.

Neue Theater und Revuen lockten das Publikum, ab 1920 etwa das Revuetheater des Pianisten und Komponisten Rudolf Nelson im Haus Kurfürstendamm 217 (Ecke Fasanenstraße) sowie das Kabarett »Größenwahn« der Schauspielerin Rosa Valetti. 1921 eröffnete das »Theater am Kurfürstendamm« in den von Oskar

Abb. 19. Blick in den Zuschauerraum der »Komödie« am Kurfürstendamm. Sie wurde 1924 mit einer Inszenierung von Max Reinhardt eröffnet.

Kaufmann umgebauten Räumen der Secession mit der Komödie *Ingeborg* von Curt Goetz. Wenige Jahre später wollte auch Max Reinhardt mit seinem Theaterimperium am Boulevard vertreten sein. Er übernahm ein im Bau befindliches Geschäftshaus mit Kino und ließ es zur »Komödie« umbauen, ebenfalls durch Oskar Kaufmann, der zum Boulevard hin eine expressionistisch-bewegte Fassade entwarf. Am 1. November 1924 wurde die »Komödie« mit Max Reinhardts Inszenierung von Goldonis *Der Diener zweier Herren* festlich eröffnet. Es war ein gesellschaftliches Ereignis, an dem Reichskanzler Wilhelm Marx und Reichsaußenminister Gustav Stresemann teilnahmen.

Immer wieder kamen neue Aufführungsorte in Cafés, Hotels oder Kellerräumen hinzu. In zahlreichen Tanzlokalen spielten die berühmten Orchester der Zeit. Exemplarisch für den schnellen Wandel steht das zuvor erwähnte Gebäude Kurfürstendamm 217 / Ecke Fasanenstraße, wo zwischen 1920 und 1930 nacheinander residierten: Restaurant »Sanssouci«, Restaurant »Frolies«, »Columbia-Tanzkabarett«, Tanzpalast »Lido«, »Pavillon Frascati«, Restaurant »Pauquet«, Tanzstätte »Wunderland«, »Steinmeiers Tanzkabarett« und die Gaststätte »Wotan«. 1934 zog dort das »Astor«-Kino ein, das bis 2002 bestand.

Als beliebtes gutbürgerliches Restaurant hatte sich »Mampes gute Stube« am Kurfürstendamm 14/15 etabliert, eine der vielen Filialen der Mampe-Likörfabrik. Es war ein Bier- und Speiselokal mit langem Tresen für die Laufkundschaft und ausgedehnten Galeräumen, in deren Nischen man ungestört sitzen konnte. Sie waren auf jeweils unterschiedliche Art eingerichtet mit Kachelöfen, alten Stichen, Fayencen, Holzvertäfelungen und Ledersesseln. Auch der Wiener Schriftsteller Joseph Roth, der 1920 erstmals nach Berlin kam, machte es zu seinem Lieblingsort in der Stadt. Er hatte sich angewöhnt, entweder im Hotel oder in Lokalen zu arbeiten. An seinem Stammtisch in den »Mampe-Stuben« schrieb er seine Feuilletons für die *Frankfurter Zeitung*, dort entstanden seine Romane *Savoy*, *Hiob* und *Radetzkymarsch*. Wenn er gut bei Kasse war, beschenkte er seine Freunde Ludwig Marcuse, Alfred Beierle oder Hermann Kesten und entlohnte großzügig die Bedienung. Wenn ihm wieder einmal das Geld ausgegangen war und er seine Zeche nicht begleichen konnte, rief er von dort den Verleger Bruno Cassirer an und bat um Hilfe.

Hier am Boulevard im Westen war man auf der Höhe der Zeit, während die historische Mitte der Stadt rund um Unter den Linden, Friedrichstraße und Leipziger Straße zunehmend antiquiert wirkte. Dabei waren dort immer noch die wichtigsten Institutionen: Regierung und Verwaltung, Pressehäuser, Universitäten,

Opernhäuser, Museen, das Konfektionsgewerbe, die großen Kaufhäuser. Auch entlang der Friedrichstraße oder am Potsdamer Platz gab es Unterhaltungsbetriebe, aber am Kurfürstendamm war man ihnen immer einen Schritt voraus. »Die Tanzdielen, Cafés, Kabaretts, Revuen und Theater waren origineller, avantgardistischer, erotischer, geistvoller und anzüglicher. Das Publikum war prominenter, die Künstler verrückter, die Autos schneller«, schreiben Karl-Heinz Metzger und Ulrich Dunker in ihrem Standardwerk über den Boulevard. »In den großen Premierenkinos gaben sich die Stummfilmstars persönlich die Ehre, und nach der Einführung des Tonfilms 1927 zeigten die Kinos am Kurfürstendamm die amerikanischen Filme zuerst und im Original, bevor sie in synchronisierter Fassung in der Friedrichstraße liefen.«

Im Januar des Jahres 1926 erlebte das »Nelson-Theater« am Kurfürstendamm den ersten Auftritt der Amerikanerin Josephine Baker in Deutschland. In den Monaten zuvor hatte die schwarze Nackttänzerin mit ihrem Ensemble schon die Zuschauer in Paris und Brüssel begeistert. Jetzt machte ihre erotische Performance mit Jazzmusik und dem neuen Charleston-Tanz in Berlin Furore – und brachte ein Modewort hervor: »Sex-Appeal«. Die Vorstellungen waren in Windeseile ausverkauft. Auch der deutsche Kunstsammler, Schriftsteller und Diplomat Harry Graf Kessler war fasziniert. Nach einer Vorstellung schrieb er in sein Tagebuch: »Abends wieder in der Negerrevue bei Nelson (Josephine Baker). Sie [die Amerikaner] sind ein Mittelpunkt zwischen Urwald und Wolkenkratzer; ebenso ihre Musik, der Jazz, in Färbung und Rhythmus. Ultramodern und ultraprimitiv. Die Weite der Spannung erzeugt den zwingenden Stil; ebenso wie bei den Russen. Wir kommen im Vergleich dazu aus der wohlumhegten ›guten Stube‹; ohne innere Spannung und daher ohne Stil eine schlappe Bogensaite.«

Rechtsgerichtete Kritiker wie der Journalist Adolf Stein dagegen

Abb. 20. In den zwanziger Jahren verloren viele Fassaden am Kurfürstendamm ihr Dekor. Dem Haus Ecke Uhlandstraße aus dem Jahr 1897 ...

machten aus ihrer Abneigung gegen Bakers Auftritte kein Hehl: »Dazu trommelt und blökt die Jazzmusik der Nigger stundenlang auf unsere Nerven. Ich begreife den Maler Professor Orlik nicht, dass er in der Parterreloge nebenan so ruhig dieses ganze Höllengelichter aus dem Urwald in seine Mappe skizzieren kann. Die Baker mit ihrem lackierten Aztekenkopf setzt sich nach der Vorstellung noch zu ihm. Der eine oder andere Gent vom Kurfürstendamm holt sie dazwischen zum Tanzen ab. Irgendein männlicher Nigger foxtrottet gleichzeitig mit weißen Mädchen, die Farben verschwimmen, das Gemisch macht einen widerlich perversen Eindruck.«

Ab Mitte der zwanziger Jahre veränderte sich auch das Straßenbild am Kurfürstendamm. Der Reitweg in der Mitte des Boulevards verschwand, nach und nach wurden die Erdgeschoss-Zonen der

Abb. 21. ... verpassten die Brüder Luckhardt 1926 ein neues Gesicht im Stile der Sachlichkeit (heute steht dort das Maison de France).

prächtigen Häuser umgebaut. Man entfernte das Stuckdekor und ersetzte es durch Glattputz oder Natursteinplatten, dabei wurden viele Schaufenster vergrößert, oft bis in den ersten Stock. Aber manchen Architekten und Bauherren reichte das nicht. Die gesamten, so üppig verzierten Fassaden mit ihren Profilen, Lisenen, Säulen, Dreiecksgiebeln, Skulpturen und bekrönenden Türmen und Kuppeln sollten im Sinne der Moderne »bereinigt« und versachlicht werden. Beispiele für diese »Entstuckung« gab es überall in Berlin, aber am Kurfürstendamm, der vollständig in der Spätphase des Historismus entstanden war, fanden sich besonders viele Beispiele üppigen Fassadenschmucks, die den Vertretern der Moderne ein Dorn im Auge waren. Schon 1908 hatte der Wiener Architekt Adolf Loos in seinem Aufsatz »Ornament und Verbrechen« geschrieben: »Das Ornament wird nicht nur von Verbrechern erzeugt, es begeht ein Verbrechen dadurch, daß es den Menschen schwer [...] schädigt.«

Führend bei der Fassadenstürmerei in Berlin war das Architektenteam Brüder Luckhardt und Alfons Anker. Einer ihrer ersten Aufträge dieser Art war 1926 der Umbau des Hauses Kurfürstendamm 211 aus dem Jahr 1897 (wo heute das Maison de France steht). Wie sie der Baupolizei schrieben, hätten sie gern alle Balkone und Erker beseitigt, weil diese am Kurfürstendamm, der sich längst zu einer lebhaften Geschäftsstraße entwickelt habe, »so gut wie überhaupt nicht benutzt« würden und »keine praktische Bedeutung für die Bewohner mehr« hätten. Stattdessen brauche man Platz für »neue Reklameflächen«. Schließlich entfernten die Architekten den gesamten plastischen Schmuck und die drei Kuppeln und überzogen die Fassaden mit hellen, horizontalen Bändern, die einen starken Kontrast bildeten zu den übrigen dunklen Fassadenflächen. Ein gut erhaltenes Beispiel für die damalige »Versachlichung« von Gründerzeitfassaden ist das Haus Kurfürstendamm 28 neben dem Hotel »Kempinski«. 1928 modernisierte Johann Emil Schaudt Erdgeschoss und erste Etage für den Schuhladen »Salamander« mit großen Glasflächen zwischen Metallprofilen. In den Obergeschossen verlaufen horizontale Bänder mit türkisfarbenen Keramikfliesen über Erker und Balkone.

Aber schon damals wurde der rabiate Umgang mit der architektonischen Substanz auch kritisiert – und nicht nur von den Reaktionären. So schrieb Siegfried Kracauer, ab 1930 Feuilletonchef der *Frankfurter Zeitung* in Berlin und Bewohner einer der Seitenstraßen des Kurfürstendamms: »Sonst bleibt das Vergangene an den Orten haften, an denen es zu Lebzeiten hauste, auf dem Kurfürstendamm tritt es ab, ohne Spuren zu hinterlassen. Seit ich ihn kenne, hat er sich in kurzbemessenen Perioden immer wieder und wieder von Grund auf verändert, und immer sind die neuen Geschäfte ganz da und die von ihnen vertriebenen ganz ausgelöscht [...] Ein Taumel, wie er in Kolonialgebieten oder Goldgräberstädten herrscht [...] Er hat vielen Häusern die Ornamente abgeschlagen, die eine Art Brücke zum Gestern bildeten. Jetzt stehen die beraubten Fassaden ohne Halt in der Zeit und sind ein Sinnbild des geschichtslosen Wandels, der sich hinter ihnen vollzieht.«

Ganz im Sinne dieser Avantgarde entstand 1928 am oberen Kurfürstendamm, auf dem letzten unbebauten Grundstück des Boulevards, das damals größte Lichtspielhaus Berlins, das zu einem der bekanntesten Bauwerke seiner Art werden sollte: das Universum-Kino von Erich Mendelsohn (heute »Schaubühne«). Als freistehenden Baukörper inszenierte der Architekt das flach gelagerte Gebäude an der Straßenecke, zum Boulevard hin war es dynamisch abgerundet. Dazu bildete der vertikale Reklameturm einen effektvollen Kontrast. Östlich davon führte eine niedrige Ladenzeile in die Tiefe des Grundstücks, wo eine siebengeschossige Wohnscheibe das Ensemble abschloss.

Begeistert schrieb der Kunsthistoriker Cornelius Gurlitt über den Neubau: »Überraschend, wie ein bewegter Jahrmarkt, eine lockere Improvisation, dennoch gestrafft von jungem großstädtischen Rhythmus, schiebt sich zwischen die steifen Prachtfassaden des Kurfürstendamms diese eigenwillige Gebäudeplastik.« Doch es gab auch Stimmen, die diese Auflösung der Straßenflucht am Kurfürstendamm kritisch sahen, etwa der dänische Architekt und Publizist Steen Eiler Rasmussen: »Die gestellte Aufgabe lautet ja eigentlich richtig: Kurfürstendamm: Läden, Läden, Kino und Künstlertheater. Aber die Lösung passt nicht zu der fröhlichen Promenade, steht vielmehr wie ein Monument im Wege, wirkt wie ein Mausoleum an der Via Appia.«

Hinter dem Kino, im Innenhof des Bauensembles, hatte man acht Tennisplätze angelegt, die von Anwohnern genutzt werden

Abb. 22. Meisterwerk der frühen Moderne: 1928 errichtete Erich Mendelsohn am oberen Kurfürstendamm das »Universum-Kino« (heute Schaubühne).

konnten. Dort spielte unter anderen der junge Erich Kästner, und der gleichaltrige russische Schriftsteller Vladimir Nabokov gab dort Tennisstunden, um ein bisschen Geld zu verdienen. Im Winter entstand auf den Plätzen eine Eisbahn, auf der Schlittschuhläufer zur Musik eines Grammophons ihre Runden drehten. Die Tennisanlage bestand noch bis 2007.

Mitte der zwanziger Jahre setzte sich der Trend fort, dass etablierte Gaststätten und Geschäfte der historischen Mitte Berlins

Filialen am Boulevard im Westen eröffneten. Etwa das Weinlokal »Kempinski« in der Leipziger Straße, das bereits 1918 das Haus Kurfürstendamm 27 (Ecke Fasanenstraße) erworben und dort ein Delikatessengeschäft aufgemacht hatte. Eigentlich wollte Kempinski an dieser Stelle ein Hochhaus bauen, aber weil dies wegen bestehender Mietverträge nicht möglich war, entschied man sich 1926 für die übliche Lösung: einen Umbau. Durch die Überbauung des Innenhofs entstanden im Erdgeschoss und im ersten Stock große, elegante Räume. Küchen- und Kühlräume verlegte man in den zweiten Stock, im Untergeschoss entstand eine Garderobe mit Blumen- und Zeitungsverkauf. Das »Kempinski« wurde bekannt als erstklassiges, elegant ausgestattetes Speiselokal, in dem man in luxuriöser Umgebung preiswert speisen konnte. Es war ein Riesenbetrieb, der täglich rund 2000 Gäste zählte, zum 80-köpfigen Personal zählten 30 Köche und fünf Konditoren. Im selben Jahr folgte das stadtbekannte Wäschehaus »Grünfeld«, das zunächst nur eine kleine Filiale am Kurfürstendamm 227 / Ecke Joachimsthaler Straße einrichtete. 1927 eröffnete der berühmte Rennfahrer Rudolf Caracciola eine Mercedes-Filiale am Kurfürstendamm 66.

Der Kurfürstendamm war »vornehm, teuer und exquisit, aber doch zugänglich für die Allgemeinheit, populär«, schreiben Metzger und Dunker. »Hier paarten sich auf eine wohl einzigartige Weise hochelitäre Lebenskultur und öffentliche Präsentation für ein Massenpublikum. Dienstboten und ihre Herrschaften saßen hier nebeneinander im Kino, in der Nelson-Revue oder im Zigeunerkeller. Der erfolgreiche Bestsellerautor saß neben dem namenlosen Studenten im Romanischen Café.«

DIE SA MARSCHIERT ÜBER DEN BOULEVARD

In die Modernität und Dynamik des Kurfürstendamms mischten sich zunehmend Vorboten des späteren Unheils. Im Vorfeld der Reichspräsidentenwahl im März 1925 zog ein SA-Trupp in Marschformation über den Kurfürstendamm, um für den von den Nationalsozialisten unterstützten Kandidaten Erich Ludendorff zu werben. Am 9. August 1925, dem Tag der Verfassungsfeier, kam es zu einer der regelmäßigen antirepublikanischen Ausschreitungen auf dem Boulevard. Vor dem »Alhambra«-Kino wurde der 23-jährige Kaufmann Rudolf Schnapp wegen seines schwarz-rot-goldenen Abzeichens im Knopfloch von zwei Dutzend Stahlhelmmännern angegriffen. Um sich zu verteidigen, gab er aus seinem Revolver erst einen Schreckschuss ab, dann traf er einen der Angreifer töd-

Abb. 23. Ein Beispiel für die Amerikanisierung des Boulevards: Das Automatenrestaurant »Quick« Ecke Joachimsthaler Straße (1929).

lich. Wenige Tage später wurde ein Mitglied des »Reichsbundes jüdischer Frontsoldaten« von etwa 20 Angehörigen einer völkischen Organisation angespuckt und beschimpft.

Im November 1926 ernannte Adolf Hitler den damals 29-jährigen Joseph Goebbels zum Gauleiter der NSDAP von Berlin-Brandenburg. Wie dieser über den Neuen Westen dachte, belegt ein Tagebuch-Eintrag vom September 1927: »Nachher standen wir am Kurfürstendamm und sahen blutenden Herzens der Verderbnis unseres Volkes zu.« Und in dem von ihm wenige Jahre später publizierten Buch *Das erwachende Berlin* schreibt er über Armut und Elend im Norden und Osten Berlins und fährt dann fort: »Davon wissen die draußen im Westen nichts. Zwar schreiben die bolschewistischen Juden in der ›Roten Fahne‹ davon, aber sie haben es niemals gesehen. Sie sitzen im ›Romanischen Kaffee‹ [sic] und brüten dort ihre finsteren Umsturzpläne aus; und abends bevölkern sie bis tief in die Nacht hinein die Amüsierlokale des Kurfürstendamms, lassen sich von Negerkapellen zum Tanz aufspielen und schreiten lachend über die Not der Zeit hinweg.«

Gewissermaßen als seinen »Einstand« schickte Goebbels im März 1927 mehr als 600 SA-Männer auf den Kurfürstendamm. Passanten, die man für Juden hielt, wurden unter Rufen wie »Juda verrecke!« oder »Schlagt die Juden tot!« angepöbelt, zu Boden gestoßen und teilweise schwer verletzt. Im »Romanischen Café« wurden Gäste verprügelt und das Mobiliar zerstört. Die Polizei blieb passiv, keiner der Täter wurde verhaftet.

Den Nationalsozialisten war der Kurfürstendamm auch deshalb zuwider, weil hier die internationalen Einflüsse besonders stark waren, vor allem Trends aus den USA wurden begierig aufgenommen. Beim Unterhaltungsgeschäft am Boulevard hatte das bereits früh begonnen mit »Buffalo Bill's Wild West Show« 1890 und dem Zirkus Barnum & Bailey 1900.

1928 eröffnete das amerikanische Schnellrestaurant »Roberts«, dessen Besonderheit war, dass man durch die Schaufenster den Köchen beim Grillen zusehen konnte, was anfangs zu Trauben von Schaulustigen vor dem Restaurant führte. Beim Interieur dominierten Glas und Nickel, die Kellnerinnen trugen hellblaue Outfits. Was man an Speisen und Getränken verzehrte, wurde auf einer Lochkarte markiert, die an der Kasse am Ausgang abgerechnet wurde. Und es gab das Automaten-Restaurant »Quick«, wo die Speisen in kleinen Portionen in Fächern angeboten wurden, die man durch Münzeinwurf öffnete. Ruhiger und vornehmer war es dagegen im »Anglo-American Tearoom« am oberen Kurfürstendamm, wo es Bridge-Tische gab und einen Fünf-Uhr-Tee.

Solche importierten Neuerungen stießen auch auf Ablehnung.

»Es ist die große Amerika-Äfferei«, schrieb Adolf Stein und beklagte die »Kaugummi-Seuche«. Nach einem Besuch der »Königin Bar« notierte er: »Es ist zum Übelwerden, wie die kleine Amerikanerin vor mir den Zeigefinger in ihr Büchschen Rot taucht und sich dann den Cupidobogen der Oberlippe neu betupft [...] Pfui teifi. Und drüben in der Ecke produzieren zwei deutsche Frauen sich ähnlich.« Auch Intellektuelle wie Franz Kafka oder Joseph Roth verfolgten die Amerikanisierung im Neuen Westen mit Skepsis. »Wahre Orgien der Sinnlosigkeit«, notierte Kafka nach einem Besuch im Luna-Park, »ein Stück Amerika versuchsweise; es fragt sich, ob dafür ein Stück altes Europa eingetauscht werden muß – und welches.«

MARLENE DIETRICH AUF DER BÜHNE DER »KOMÖDIE«

Im September 1928 erlebten die Besucher einer Premiere in der »Komödie« einen denkwürdigen Abend. Eine gewisse Marlene Dietrich, damals 26 Jahre alt und bis dahin nur mit kleinen Auftritten in Filmen und Theaterstücken bedacht, spielte in George Bernard Shaws *Eltern und Kinder* eine ihrer ersten größeren Rollen. Mit ihr auf der Bühne standen der gleichaltrige Heinz Rühmann, Paul Hörbiger, Oskar Sima (der 1933 in die NSDAP eintrat) und Otto Wallburg (1944 in Auschwitz ermordet). Die ungarische Schauspielerin Lili Darvas hat später beschrieben, wie Marlene Dietrich ganz langsam auf die Bühne geht, sich ganz langsam auf den Boden setzt, ganz langsam eine Zigarette herauszieht und sie raucht – alles ganz langsam. Das Publikum habe stumm die Bewegungen ihrer Hand und ihrer Beine verfolgt. Es sei ihr sogar gelungen, »reglos auf der Bühne zu stehen und dennoch die gesamte Aufmerksamkeit des Publikums auf sich zu ziehen«.

Keine zwei Jahre später, am 1. April 1930, wurde im »Gloria-Palast« am Kurfürstendamm der Film uraufgeführt, der Marlene Dietrichs Durchbruch bedeutete: *Der blaue Engel* von Josef von Sternberg mit Emil Jannings, Kurt Gerron, Rosa Valetti und Hans Albers. Das Kino im ersten Gebäude westlich der Kaiser-Wilhelm-Gedächtniskirche war vier Jahre zuvor als luxuriösestes Kino seiner Zeit eröffnet worden. Und *Der blaue Engel* wurde der bis dahin größte Erfolg eines heimischen Tonfilms. Er bedeutete zugleich den Schlusspunkt der Berliner Jahre von Marlene Dietrich. Noch in der Premierennacht bestieg sie mit Josef von Sternberg am Bahnhof Zoo den Nachtzug nach Bremerhaven, wo sie sich auf der »Bremen« einschiffte, die sie in die USA bringen sollte. Sie wollte ihre Karriere in Hollywood fortsetzen.

Die im Herbst 1929 einsetzende Weltwirtschaftskrise hatte sich am Kurfürstendamm nur wenig bemerkbar gemacht. Es wurde zwar schwieriger, die großen herrschaftlichen Wohnungen zu vermieten, weshalb viele in kleinere Einheiten aufgeteilt wurden. Aber der Vergnügungsbetrieb ging weiter, die Gastronomie florierte, während in Mitte zahlreiche bekannte Lokale schließen mussten. Und doch waren die Symptome der Krise auch hier unübersehbar. »Der Kurfürstendamm ist übervoll. Die Cafés laufen über. Die Straße ist besät mit Bettlern, die dann im Quick rasche Mahlzeit halten«, beschreibt die Journalistin Gabriele Tergit im August 1931 die Szenerie am Boulevard. »Die Leute sind aufgeregt. Sie politisieren. Sie bangen um ihre Guthaben. Sie schimpfen über Ausnahmegesetze. Sie sind belastet von Sorgen. Sie wissen nicht, was der kommende Tag bringt.«

Am 12. September 1931 wurde der Kurfürstendamm zum Schauplatz des brutalsten Pogroms vor der Machtübernahme der Nationalsozialisten. Anführer war der SA-Oberführer Wolf-Heinrich Graf von Helldorff, der spätere Polizeipräsident von Berlin. In den

Abb. 24. 1928 auf der Bühne der »Komödie« am Kurfürstendamm (v. l.): Marlene Dietrich, Heinz Rühmann, Otto Wallburg, Paul Hörbiger und Oskar Sima in »Eltern und Kinder« von George Bernard Shaw.

Synagogen wurde das jüdische Neujahrsfest gefeiert, und als die Besucher der Synagoge in der Fasanenstraße zum Kurfürstendamm gingen, mischten sich über 1500 Nazis unter die Passanten, riefen antisemitische Parolen und verprügelten Menschen, die sie für Juden hielten. Jüdisch geprägte Lokale wurden zerstört, viele Gäste misshandelt.

Besonders schlimm traf es das »Café Reimann« am Kurfürstendamm 35, wie die *Vossische Zeitung* berichtete: »Ein Trupp von etwa 80 Nationalsozialisten ergriff freistehende Marmortische und warf sie in die Fensterscheiben. Dann gaben die Rowdys zwei Schüsse in den Büfettraum ab, die jedoch glücklicherweise niemanden verletzten.« Und die Zeitung wunderte sich über die schwache Polizeipräsenz. »Um 8 Uhr wussten die Dienststellen der Polizei, dass sich an der Gedächtniskirche verdächtige Ansammlungen bildeten, dass SA-Leute aus allen Teilen Berlins zum Kurfürstendamm unterwegs waren. Die Polizei konnte nicht gut annehmen, dass diese Trupps zum Kurfürstendamm fuhren, um gemeinsam eine Tasse Kaffee trinken zu gehen. Trotzdem war um 8.45 Uhr, als mit einem Hornsignal das Zeichen zum Beginn der Krawalle gegeben wurde, weit und breit kein Polizeibeamter zu sehen.« Vor Gericht gestellt wurden später 23 SA-Leute, die Verurteilungen aber im Januar 1932 in einer Berufungsverhandlung wieder zurückgenommen. »Wir wollten dem Kurfürstendamm einen Denkzettel geben«, hatte einer der Rädelsführer vor Gericht gesagt.

Die Menschen am Boulevard hofften immer noch, dass der »Spuk« vorbeigehen werde, der Straßenzug war attraktiv wie eh und je. Der ungarische Jude Lazar Weisz, der bereits ein Luxusrestaurant in Berlin-Mitte betrieb, hatte 1930 mit dem »Weisz-Csarda« eine Dependance am Kurfürstendamm eröffnet. 1932 folgte das »Café Kranzler«, das mit seinem Stammhaus Unter den Linden / Ecke Friedrichstraße zu den ältesten und bekanntesten Kaffeehäusern der Stadt zählte. Am Kurfürstendamm übernahm es die ehemaligen Räume des »Café des Westens« an der Ecke Joachimsthaler Straße, versachlichte dabei die Fassade des Erdgeschosses, fügte einen schlichten Eingangsvorbau hinzu und gestaltete die Innenräume in Formen des Biedermeier. Im ersten Stock gab es die Séparées Hosemann-, Menzel-, Fontane- und Taglioni-Zimmer, ein Raum war mit Reminiszenzen an das »Café Größenwahn« geschmückt – Nostalgie gab es damals schon am Kurfürstendamm.

In den Monaten vor der Machtergreifung der Nazis traten am Kurfürstendamm im »Kabarett der Komiker« Curt Bois und Hans Moser auf, zeigte das »Alhambra«-Kino *Die blonde Venus* von Josef von Sternberg mit Marlene Dietrich und Cary Grant, luden Rudolf Nelson und Hilde Hildebrand in ihre Revue *Etwas für Sie*. Im November 1932 wurde im »Theater am Kurfürstendamm« die Operette *Glückliche Reise* von Eduard Künneke mit der Sängerin Lizzi Waldmüller uraufgeführt.

Als Adolf Hitler am 30. Januar 1933 zum Reichskanzler ernannt wurde und die Nazis abends einen Fackelzug durch das Brandenburger Tor inszenierten, den der Maler Max Liebermann in seiner Wohnung am Pariser Platz mit den Worten quittiert: »Ich kann gar nicht so viel fressen, wie ich kotzen möchte«, waren die Cafés und Restaurants am Kurfürstendamm voll wie immer. Aber schon bald sollte der große Exodus so vieler Menschen beginnen, die am Boulevard gewohnt und gelebt oder wesentliche Beiträge zu seiner besonderen Kultur geleistet hatten.

Abb. 25. Unter dem Hakenkreuz: Das »Café Kranzler« im Jahr 1938.

III. KAPITEL : 1933 bis 1945
DIE GROSSE ZERSTÖRUNG

Schon vor der Machtergreifung durch die Nationalsozialisten am 30. Januar 1933 war das Leben für die jüdische Bevölkerung rund um den Kurfürstendamm unsicherer geworden. Die Ernennung Hitlers zum Reichskanzler bedeutete für sie jedoch, wie für viele Intellektuelle und Künstler, eine existenzielle Bedrohung. Einer der Ersten, die Berlin verließen, war der jüdische Theaterkritiker Alfred Kerr. Ein anonymer Anrufer von der Polizei hatte ihn gewarnt, man werde seinen Pass einziehen. Hals über Kopf packte er am 15. Februar in seinem Haus im Grunewald den Koffer und floh nach Prag.

In der Nacht zum 28. Februar ging das Reichstagsgebäude in Flammen auf. Die Umstände der Brandstiftung sind bis heute nicht vollständig geklärt. Die Nationalsozialisten nahmen den Anschlag auf das deutsche Parlament zum Anlass, schon am nächsten Tag die Grundrechte außer Kraft zu setzen und ihre Gegner systematisch zu verfolgen: vor allem Funktionäre und Mitglieder linker Parteien und Gruppierungen, Vertreter der Kirchen, Liberale und Publizisten, die sich vor 1933 gegen die Nationalsozialisten gewandt hatten. In den folgenden zwei Monaten wurden allein in Preußen über 100 000 politische Gegner verhaftet und in Gefängnisse, provisorische Konzentrationslager und Folterkeller gebracht.

Wenige Tage nach dem Reichstagsbrand verließ der Schriftsteller Max Herrmann-Neiße seine Wohnung am Kurfürstendamm 215 und ging in die Schweiz. Dorthin flohen zur gleichen Zeit auch Bertolt Brecht und Helene Weigel. Max Reinhardt begab sich nach Wien, der Verleger Franz Pfemfert verließ Berlin Richtung Karlsbad. Wieland Herzfelde, dessen Malik-Verlag die SA besetzt hatte, flüchtete nach Prag. Rudolf Nelson war mit einer Revue auf Auslandstournee und entschied sich, nicht in seine Heimatstadt zurückzukehren.

Hans Sahl, der als Spross einer großbürgerlichen jüdischen Familie am Kurfürstendamm aufgewachsen war und sich einen Namen als Literatur-, Film- und Theaterkritiker gemacht hatte, beschrieb später, wie er im März 1933 als 30-Jähriger die letzten Tage vor seiner Flucht nach Prag verbrachte: »Jemand hatte mir gesagt, ich wäre auf der schwarzen Liste. Ich schlief nicht mehr zu Hause, ich ging ins Kino, vier- oder fünfmal am Tag, ich wohnte im Kino, ich wohnte in Warenhäusern und Cafés, fuhr zwischendurch in meine Wohnung, stellte fest, dass noch niemand dagewesen war, verbrannte Papiere oder warf sie ins Klosett, holte sie wieder heraus, weil sie das Klosett verstopft hatten, lief über den Dachgarten auf das Nachbarhaus, weil ich glaubte, es hätte geklingelt.«

Am 1. April 1933 gab es im ganzen Reich einen von NSDAP und Propagandaministerium organisierten Boykott jüdischer Geschäfte unter dem Motto »Kauft nicht bei Juden«. Am Kurfürstendamm standen SA-Männer vor dem Restaurant »Kempinski«, dem Wäschehaus »Grünfeld« und vielen anderen Geschäften. Menschen wurden gejagt, Scheiben gingen zu Bruch. Die Mehrheit der Bürger folgte dem Boykottaufruf allerdings nicht und kaufte weiter in Läden von jüdischen Inhabern. Eine Woche später wurde das »Gesetz zur Wiederherstellung des Berufsbeamtentums« verabschiedet, das Juden vom Öffentlichen Dienst ausschloss. Ähnliches galt bald für Ärzte, Rechtsanwälte, Notare und Behördenangestellte. Auch Journalisten mussten »arischer« Herkunft sein. Alle diese Maßnahmen waren am Kurfürstendamm besonders spürbar, weil dort der Anteil jüdischer Bürger sehr hoch war.

Und trotzdem zögerten viele von ihnen, ihre Heimat zu verlassen. Sie fühlten sich als Deutsche. Eine Auswanderung konnte

Abb. 26. Am 1. April 1933 organisierte die NSDAP einen reichsweiten Boykott jüdischer Geschäfte. Hier das Textilgeschäft Degginger am Kurfürstendamm.

mit Schikanen verbunden sein, und sie war teuer. In der Meinekestraße 10 befand sich das Haus der Zionistischen Organisationen, die Beratung und Hilfe für eine Übersiedlung nach Palästina anboten (es steht heute noch). Doch viele Juden blieben – in der Hoffnung, es werde nicht noch schlimmer kommen.

»DER KURFÜRSTENDAMM IST BESIEGT UND GESCHLAGEN«

Unterdessen jubelte das reaktionäre Berlin, dass nun auch am Boulevard im Westen ein neuer Wind wehe. Friedrich Hussong, Chefredakteur im Scherl-Verlag, der zum rechten Hugenberg-Imperium gehörte, schrieb: »Der Kurfürstendamm ist oder war nicht etwa nur die knallige Fassadenprotzerei einer Straße in Berlin W. Der Kurfürstendamm zog sich mitten durch ganz Deutschland. Seine Amüsementsfabriken, seine Schaubühnen, seine Luxusbuden standen in allen deutschen Städten. ›Kurfürstendamm‹ – das war ein Kulturbegriff schlechthin geworden. In seinen Namen gefasst war [...] jede Fäulniserscheinung einer sich zersetzenden Gesellschaft. Der Kurfürstendamm – aller braven Leute unbeschadet, die dort wohnen –, das war der Feind. [...] Der Kurfürstendamm ist heute besiegt und geschlagen.«

Doch die Haltung der Nationalsozialisten zum Boulevard war durchaus widersprüchlich. Zwar hassten sie alles, was mit dem Kurfürstendamm assoziiert wurde: Linksintellektuelle, Kosmopoliten, progressive Künstler, elitärer Luxus, emanzipierte Frauen, altes Geld, eine große jüdische Gemeinde, amerikanischer Einfluss. Andererseits brauchten sie, als sie an der Macht waren, einen glanzvollen Kurfürstendamm als Aushängeschild für den internationalen Rang der Reichshauptstadt, die ja von Albert Speer ausgebaut und unter dem Namen »Germania« die bedeutendste Metropole Europas werden sollte.

Entsprechend konnte man im *Angriff*, der Gauzeitung der Berliner NSDAP, lesen: »Jede Weltstadt hat ihre repräsentative Bummelstraße, wo sich Tag und Nacht (übrigens besonders nachts) das sogenannte internationale Publikum trifft, wo schöne Frauen die neuesten Moden zeigen und sich das abspielt, was die Feuilletonisten der bürgerlichen Welt ›das mondäne Leben‹ nannten. Das ist nicht unsere Welt, bestimmt nicht, aber Berlin ist Weltstadt genug, um auf solche Straße nicht verzichten zu können [...] Mondänes Leben am Kurfürstendamm? Viele Ausländer in den Vorgärten? Bitte sehr, wir haben nichts dagegen, aber es bleibt der Grundsatz: Sie sind zu Gaste in einer deutschen Stadt.«

Dies mag auch der Grund sein, warum die Nationalsozialisten keine Umbaupläne für den Kurfürstendamm entwickelten. Dabei hatte sich der Generalbauinspektor Albert Speer für die Reichshauptstadt ein gewaltiges Bauprogramm vorgenommen: Neben der geplanten monumentalen Nord-Süd-Achse wollte er u. a. in die historische Substanz des Marienviertels eingreifen, den Molkenmarkt umgestalten, die Museumsinsel erweitern und den Fehrbelliner Platz bebauen. Den Kurfürstendamm aber ließ Speer unangetastet. Lediglich die Idee der Vitrinen auf dem Bürgersteig stammt aus der Zeit des Nationalsozialismus. Im Vorfeld der Olympischen Spiele 1936 wollte man die »Unordnung« auf den verschiedenen Abschnitten des Boulevards beseitigen, wo sich Reste von Vorgärten, Schaukästen, Gitter und Reklametafeln mischten, es sollte wieder ein »würdiges Bild« entstehen. Dazu wurde ein Wettbewerb ausgeschrieben, dessen Gewinner einheitliche Reihen von Vitrinen vorschlug, zwischen denen Hochbeete vorgesehen waren. Bis zum Beginn der Spiele war der Abschnitt bis zur Uhlandstraße umgestaltet, der übrige Kurfürstendamm folgte erst nach Olympia.

Die »Versachlichung« der Fassaden wurde im Nationalsozialismus fortgesetzt. Der einzige erhaltene Umbau aus dieser Zeit am Kurfürstendamm betraf die Häuser 56 bis 58 zwischen Wieland- und Leibnizstraße, die 1907 in einer Mischung aus Neobarock und Jugendstil errichtet worden waren. Während das Eckgebäude zur Leibnizstraße unangetastet blieb, wurden die Fassaden bis zur Wielandstraße zwischen 1938 und 1941 vor dem Einzug der Feldmühle-Hauptverwaltung vereinfacht und teils mit Natursteinplatten verkleidet. An diesem Gebäudekomplex kann man bis heute den Unterschied zwischen dem Original mit Schmuck und der entdekorierten Fassung sehen.

Abb. 27. Institutionen am Kurfürstendamm Ecke Joachimsthaler Straße: Das 1932 eröffnete »Café Kranzler«, das Schokoladengeschäft »Sarotti«, der Kosmetikladen »Scherk«. Es werben das Baugeschäft Georg Jacobowitz und das Revuetheater »Scala« (Aufnahme 1934/35).

DIE STAMMGÄSTE HABEN GEWECHSELT

In den dreißiger Jahren pulsierte der Boulevard wie eh und je. Berliner und Besucher spürten kaum eine Veränderung. Es gab glanzvolle Filmpremieren, das Niveau der Unterhaltungsbetriebe war unverändert hoch, viele Modegeschäfte wurden noch vornehmer und erweiterten ihre Räumlichkeiten, und weitere Lokale aus der historischen Mitte eröffneten Filialen am Kurfürstendamm. In den angesagten Restaurants hatten lediglich die Stammgäste gewechselt. Statt Max Reinhardt, Heinrich Mann, Erik Hanussen, Olga Desmond oder Fritzi Massary sah man jetzt Hans Albers, Leni Riefenstahl, Ernst Udet, Winifred Wagner, Zarah Leander, Marika Rökk oder Gustaf Gründgens.

Simone de Beauvoir besuchte Berlin im Februar 1934, und wie viele andere ausländische Besucher war die damals 26-Jährige überrascht von der scheinbar ungebrochenen Vitalität: »Der oberflächliche Besucher hatte nicht den Eindruck, dass auf Berlin eine Diktatur lastete. Die Straßen waren belebt und fröhlich [...] Wir spazierten oft vom Kurfürstendamm zum Alexanderplatz.« Nach wie vor gab es Transvestitenlokale, Nackttänze in Bars und gehobene Prostitution am Kurfürstendamm, weibliche wie männliche. In der Roscherstraße hatte die Gestapo ein Bordell eingerichtet – nicht zuletzt zur Bespitzelung ausländischer Diplomaten.

Im Vorfeld der Olympischen Spiele 1936 setzten die Nationalsozialisten viele Repressions-Maßnahmen aus und bemühten sich, der Welt für einige Wochen das Bild eines weltoffenen, liberalen Gemeinwesens zu vermitteln. Thomas Wolfe, der junge amerikanische Erfolgsautor, der Berlin schon 1935 besucht hatte, kehrte für Olympia erneut zurück und wohnte im »Hotel am Zoo« am Kurfürstendamm, den er das »größte Caféhaus Europas« nannte. Und er bewunderte die Live-Übertragungen der Wettkämpfe über Lautsprecher: »Die grünen Bäume am Kurfürstendamm begannen zu reden: Aus den Lautsprechern in ihren Zweigen sprach ein Ansager aus dem Stadion zur ganzen Stadt.«

Doch es dauerte nicht lange, bis die Nationalsozialisten ihre außenpolitisch aggressive und innenpolitisch repressive Politik fortsetzten. In der Nacht vom 9. auf den 10. November 1938 inszenierten sie im ganzen Reich ein Pogrom gegen Juden und deren Einrichtungen. Auch in Berlin wurden Synagogen in Brand gesteckt und zerstört, darunter die Synagoge in der Fasanenstraße. Am Boulevard verwüsteten Schlägertrupps Geschäfte von jüdischen Inhabern. Erich Kästner, der damals in der Roscherstraße am oberen Kurfürstendamm wohnte, war im Taxi auf dem Weg nach Hause: »Auf beiden Straßenseiten standen Männer und schlugen mit Eisenstangen Schaufenster ein«, notierte er. »Überall krachte und splitterte Glas. Es waren SS-Leute [...] jedem schienen vier, fünf Häuserfronten zugeteilt.«

Nach der Pogromnacht setzten die Maßnahmen »zur Ausschaltung des jüdischen Einzelhandels« ein, die auch als »Arisierung« bezeichnet wurden. Jüdische Inhaber sahen sich gezwungen, ihr Geschäft an »arische« Personen zu verkaufen, in den meisten Fällen deutlich unter dem tatsächlichen Wert. Dadurch wurden oft bisherige Mitinhaber begünstigt. Das Wäschehaus »Grünfeld« ging an den Konkurrenten Walther Kühl, der den Traditionsnamen des Geschäfts allerdings beibehielt. Die Familie Grünfeld konnte Deutschland vor Ausbruch des Krieges verlassen. Auch beim Verkauf der Schneiderei »Eugen Grün« an »Leifert« blieben Nutzung und Name erhalten. In anderen Fällen zogen neue Geschäfte in die frei gewordenen Räumlichkeiten. So wurde etwa aus dem Damenschuhgeschäft »Bialek« ein Schmuckladen, aus dem Herrenausstatter »Kovacs« eine Parfümerie, aus dem Pelzhaus »Weißler« ein Schreibmaschinenladen. Langen Leerstand gab es am Boule-

Abb. 28. Kurfürstendamm und Gedächtniskirche 1936: Zu den Olympischen Spielen wurden erstmals Schauvitrinen auf den Bürgersteigen errichtet.

vard nicht. Schon im April 1939 konnte man in der *Zeitschrift des Vereins Berliner Kaufleute* lesen: »Am Kurfürstendamm sind jetzt sämtliche Lücken wieder ausgefüllt.«

BERGGRUEN UND NEWTON VERLASSEN BERLIN

In jenen Jahren kehrten auch zwei jüdische junge Männer der Stadt den Rücken, die gerade erst das aufregende Leben am Kurfürstendamm kennen- und liebengelernt hatten: Heinz Berggruen und Helmut Newton. In der Nachkriegszeit sollten sie fern ihrer Heimat als Kunstsammler bzw. Fotograf international bekannt werden.

Berggruen war in der Konstanzer Straße unweit des Kurfürstendamms aufgewachsen und nach dem Abitur in eine Wohngemeinschaft mit jungen Leuten in der Meinekestraße gezogen. Er begann, für die *Frankfurter Zeitung* Feuilletons zu schreiben. Als diese wegen seines jüdischen Namens nur noch mit Kürzel erscheinen durften, entschloss er sich zur Ausreise und nahm 1936 ein Stipendium der Berkeley-Universität in Kalifornien an. Im selben Jahr brach Helmut Neustädter (der sich später Newton nannte) die Schule ab und begann eine Lehre bei der jüdischen Fotografin Else Neuländer-Simon, die unter dem Namen »Yva« bekannt war und deren Atelier sich in der Schlüterstraße befand (die Räume sind bis heute erhalten). Als sie 1938 Berufsverbot erhielt und im November die Pogromnacht folgte, wurde Newton klar, dass er Berlin verlassen musste. Gerade 18 Jahre alt geworden, stieg er am 5. Dezember 1938 am Bahnhof Zoo in den Zug und verließ Deutschland Richtung Singapur. Dass beide nach dem Fall der Mauer ganz bzw. zeitweise nach Berlin zurückkehrten und die Kultur der Stadt mit ihren bedeutenden Sammlungen bereicherten, gehört zu den schönsten Geschichten des wiedervereinten Berlins.

Jene Juden, die geblieben waren, konnten ab Oktober 1941 Deutschland nicht mehr verlassen, für sie galt ein Emigrationsverbot. Noch im selben Monat wurden Juden im Westen der Stadt angewiesen, sich in der Synagoge in der Levetzowstraße in Moabit zu sammeln. Von dort aus wurden sie über den Kurfürstendamm zum Bahnhof Grunewald geführt und nach Theresienstadt und Auschwitz deportiert. Wie Sonja Miltenberger, Archivleiterin des Museums Charlottenburg-Wilmersdorf, ermittelt hat, bekamen in den Jahren 1942 und 1943 mehr als 100 Bewohner des Kurfürstendamms von der Gestapo die Aufforderung, sich im Sammellager einzufinden. Bei mehr als 30 gibt es Hinweise darauf, dass sie sich versteckten, von 50 ist bekannt, dass sie sich das Leben nahmen. Im März 1945 fuhr der letzte Deportationszug aus der Reichshauptstadt ab. Insgesamt wurden in der NS-Zeit mehr als 50 000 Berliner Juden ermordet.

Für die Mehrheit der Bewohner und Besucher des Kurfürstendamms hatte sich in den dreißiger Jahren nicht viel verändert. Die Flaniermeile funktionierte selbst nach Ausbruch des Krieges im September 1939, als schon Einschränkungen zu spüren waren wie etwa die Rationierung der Lebensmittel für Restaurants. Der Schriftsteller Heinrich Goertz erinnerte sich später an die damalige Stimmung: »Abend für Abend waren die Bürgersteige um die Kaiser-Wilhelm-Gedächtniskirche und des Kurfürstendamms voll besetzt mit flanierenden, sich suchenden, schiebenden Menschen, und jeder schien nur eines im Sinn zu haben: für den erstbesten Spaß sein Geld auszugeben, denn das war ja bald nichts mehr wert.« Noch konnte ein regimekritischer Kopf wie Werner Finck im »Kabarett der Komiker« auftreten. Bis 1940 wurden am Kurfürstendamm amerikanische oder englische Filme im Original gezeigt, es gab internationale Zeitschriften, Bücher oder Jazz-Schallplatten. Neben dem Schnellrestaurant »Quick« wurden noch 1943 ausländische Zeitungen wie der New Yorker *Daily Herald* verkauft – selbst die Ausgaben mit Hitler-Karikaturen auf der Titelseite.

DER KURFÜRSTENDAMM ALS STARTBAHN FÜR KAMPFFLUGZEUGE ?

Bombardiert wurde Berlin seit 1940, mit zunächst vergleichsweise wenigen Schäden. Das änderte sich im Sommer 1943, als erstmals auch der Berliner Westen getroffen wurde. Im Zuge der Luftschlacht um Berlin brannten am 23. November die Kaiser-Wilhelm-Gedächtniskirche, der »Gloria-Palast« und das »Romanische Café« aus, ebenso das »Kaufhaus des Westens«, in das ein amerikanischer Jagdbomber gestürzt war. Am »Café Kranzler« bildete sich einer der vielen Schwarzmärkte der Stadt, bekannt als »Treffpunkt der Gangster«. Aus den Tennisplätzen hinter dem Universum-Kino wurden Kartoffeläcker. Trotzdem liefen in den Kinos, die unzerstört geblieben waren, weiter Filme. Im Januar 1945 fand im Tauentzien-Palast die Berliner Premiere des Durchhaltefilms *Kolberg* statt, in Anwesenheit von Veit Harlan, Heinrich George und Kristina Söderbaum. Die Filmkopie hatte man mit einem Fallschirm abgeworfen, denn die Rote Armee zog bereits einen Ring um die Reichshauptstadt.

Noch im März 1945 gab es Pläne, aus dem Kurfürstendamm eine Startbahn für Kampfflugzeuge zu machen. In dem entsprechenden Befehl des Luftflottenkommandos hieß es u. a.: »a) Mindestbreite der berollbaren Fläche 50-60 m, an die anschließend zu beiden Seiten die Häuser bzw. Haustrümmer in einer zusätzlichen Breite von weiteren 20 m so wegzuräumen sind, dass die Flächen

Abb. 29. Im Zweiten Weltkrieg wurden 82 Prozent der Häuser am Kurfürstendamm zerstört.

der rollenden Flugzeuge darüber wegstreichen können. b) Die Höhenunterschiede der Fußsteige müssen entweder durch allmähliches Verziehen ausgeglichen werden oder die Fußsteige entfernt (insbesondere der Mittelstreifen mit den Straßenbahngleisen) oder es muss auf die beiden Fahrbahnen so viel Schutt aufgebracht und sorgfältig festgewalzt werden, dass die Höhe der Fußsteige und des Straßenbahnkörpers erreicht wird.«

Am 21. April flogen amerikanische Bomber den letzten Angriff auf Berlin. Da standen die Panzer der Roten Armee schon an der Halenseebrücke am westlichen Ende des Kurfürstendamms. Noch am 28. April befahl Goebbels, den Zoo-Bunker »bis zum letzten Mann« zu verteidigen. Zwei Tage später beging er im Führerbunker an der Voßstraße zusammen mit Hitler Selbstmord. Am 1. Mai erreichte die 3. Garde-Panzerarmee der Sowjets von Süden her den Kurfürstendamm. Am nächsten Tag kapitulierte die Stadt.

Abb. 30. Die Internationalen Filmfestspiele brachten dem Boulevard für zwei Wochen im Jahr etwas von seinem einstigen Glamour zurück (Foto von 1964).

IV. KAPITEL : 1945 bis 1989
SCHAUFENSTER VON WEST-BERLIN

Noch bevor der Zweite Weltkrieg am 8. Mai 1945 zu Ende war, durfte es am Kurfürstendamm weitergehen mit Kultur und Vergnügen. Generaloberst Bersarin, der sowjetische Stadtkommandant für ganz Berlin (die West-Alliierten waren noch nicht in der Hauptstadt), hatte in seinem Befehl Nr. 1 vom 28. April 1945 zwar die Auflösung aller NS-Organisationen und eine nächtliche Ausgangssperre verfügt, aber den Betrieb von Vergnügungsstätten wie Kinos, Bühnen, Zirkus und Sportstätten bis 21 Uhr ausdrücklich erlaubt.

Doch für Veranstaltungen fehlte es oft an den einfachsten Voraussetzungen. Der Theaterkritiker Herbert Ihering erinnerte sich wenige Jahre später: »Der erste Erlass von Bersarin hätte schon in der ersten Maihälfte das Spielen der Bühnen und Kinos ermöglicht, wenn die technischen Verhältnisse, vor allem Licht und Wasser, es erlaubt hätten [...] Es fuhren gerade auf kurzen Strecken die ersten Untergrundbahnen und einige Straßenbahnzüge. Es war noch ein ewiges Wandern über die Straßen, ein Karrenschieben und Rucksacktragen, ein Klettern über Trümmer und Nageln von Pappfenstern. Wo gerade einige Künstler wohnten, taten sie sich zusammen, wo ein Saal frei war, spielten oder rezitierten sie.«

Als erstes Theater in Berlin eröffnete am 27. Mai 1945 das Renaissance-Theater in der Hardenbergstraße. Als erste Bühne am Kurfürstendamm nahm am 1. Juni das »Kabarett der Komiker« seinen Betrieb wieder auf. Im August folgten die unzerstört gebliebenen Kinos wie das »Astor« und das »Marmorhaus«. Im März 1946 war die »Komödie« vereinfacht wiederaufgebaut, sodass man mit Schillers *Kabale und Liebe* eröffnen konnte, und innerhalb eines Jahres brachte man dort – unter schwierigen Bedingungen – weitere sieben Premieren auf die Bühne. Das »Theater am Kurfürstendamm« folgte im Dezember 1947 mit Shakespeares *Sommernachtstraum*.

Im August 1945 eröffnete mit der Galerie Rosen am Kurfürstendamm 215 die erste Galerie im Nachkriegs-Deutschland. Sie war eine Gründung des Buchhändlers Gerd Rosen, des Kaufmanns und Kunstsammlers Max Leon Flemming und des Malers Heinz Trökes. Die erste Ausstellung zeigte Künstler, die von den Nationalsozialisten als »entartet« bezeichnet worden waren, es folgten von Vorträgen begleitete Ausstellungen über die französische Moderne, den deutschen Expressionismus und die internationale Avantgarde. Schnell entwickelte sich die Galerie zum Zentrum der Berliner Kunstszene.

Auch die ersten Lokale kehrten schon bald nach Kriegsende zurück, auch wenn man noch viel improvisieren musste. In den Ruinen wurden Restaurants eröffnet, und vor den Ruinen entstanden Straßencafés. Der *Tagesspiegel* schrieb im Mai 1946: »Der Kurfürstendamm ist nach schwerem Schlaf wieder erwacht. Es ist verblüffend, wie rasch er sich wieder erholt hat, denn wer die letzten Apriltage 1945 gesehen hat, hätte es nicht für möglich gehalten. Aus Cafés und Bars lockt Musik wie einst […] Und wenn sich auch dort der zum Berliner Milieu gehörende Leierkastenmann vernehmen lässt: ›Das gibts nur einmal, das kehrt nicht wieder …‹, so wollen wir ihm diesmal widersprechen: Der Ku'damm kommt wieder.«

82 PROZENT DER HÄUSER SIND ZERSTÖRT

Dabei war der Boulevard noch immer eine Trümmerlandschaft, viel stärker getroffen von den Bomben als die Stadt im Durchschnitt. Während auf ganz Berlin gerechnet etwa ein Drittel der Gebäude

Abb. 31. Sommer 1949: Vier Jahre nach Kriegsende war der Kurfürstendamm immer noch eine Ruinenlandschaft. Hier das Lokal »Burgkeller«.

verloren ging, waren es am Kurfürstendamm 82 Prozent: Von den 235 Häusern wurden 192 total zerstört. Ein immenser, ein furchtbarer Verlust an städtebaulicher Schönheit – aus heutiger Sicht. Aber die damaligen Anhänger der Moderne, die seit den zwanziger Jahren kein gutes Haar an der Kurfürstendamm-Architektur gelassen hatten, sahen nun die große Chance zu einer grundlegenden Umgestaltung gekommen. Die Radikalität der damaligen Ideen macht noch heute frösteln.

Der Architekt Hans Scharoun, der später die berühmte Philharmonie bauen sollte, entwickelte mit seinen Mitarbeitern 1946 den irrwitzigen »Kollektivplan«. Was von der alten Stadt noch übrig war, wurde komplett zum Abriss freigegeben. Stattdessen sollte eine aufgelockerte, durchgrünte Bandstadt entlang des Berliner Urstromtals entstehen, strukturiert durch ein dichtes Gitternetz

Abb. 32. Entwurf der Brüder Luckhardt von 1948 für eine neue City West rund um Bahnhof Zoo und Kurfürstendamm (rot markiert). Anstelle der Gedächtniskirche sollte ein riesiger Kreisverkehr entstehen. Die neuen Straßenzüge werden gesäumt von schematisch angeordneten Hochhausscheiben.

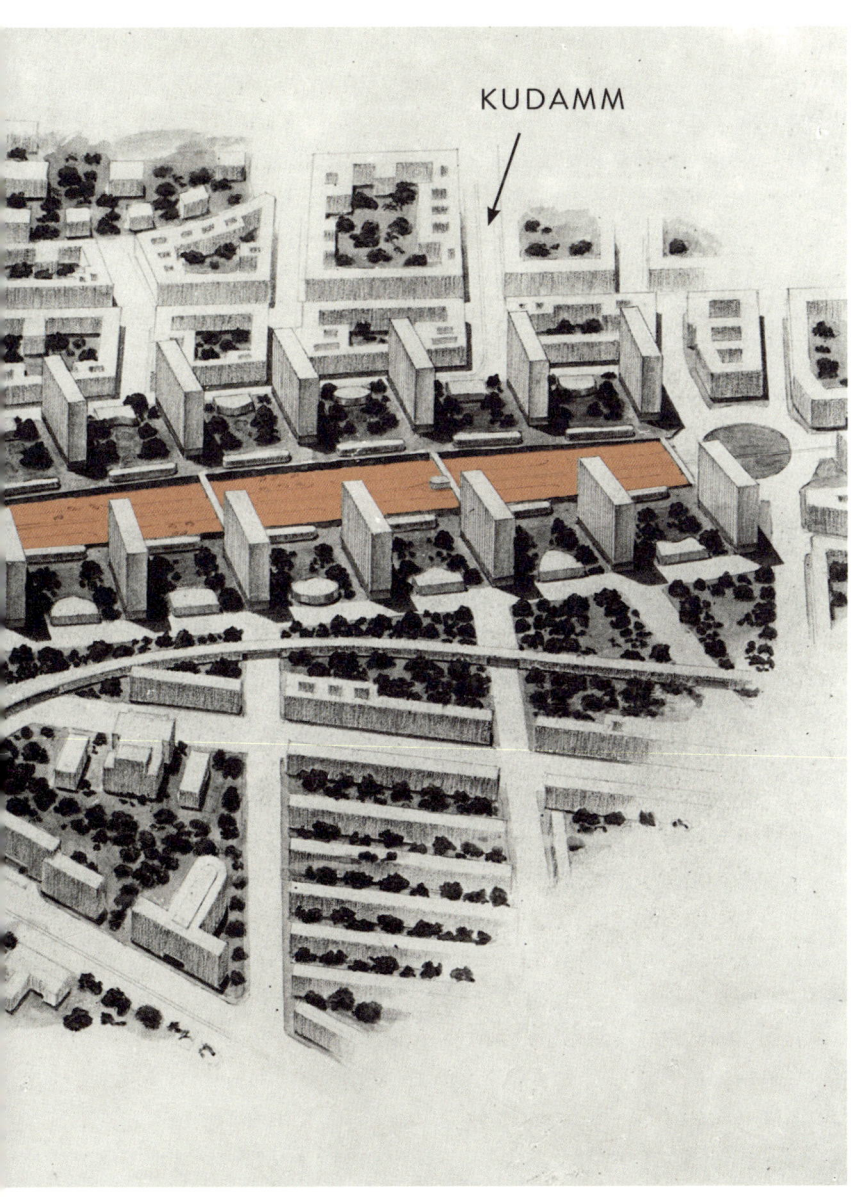

von Autobahnen. Historische Straßenzüge wie den Kurfürstendamm sucht man auf diesem Plan vergebens. Ähnlich grotesk waren die Vorschläge, die 1947 im Wettbewerb »Rund um den Zoo« eingereicht wurden. Kaum einer der über hundert Teilnehmer versuchte den zerstörten Stadtteil um Kurfürstendamm und Tauentzienstraße in den alten Volumina wiederaufzubauen, die meisten wollten rationalistische Gebäudescheiben wie Dominosteine zwischen Schnellstraßen stellen. Sergius Ruegenberg schlug sogar einen Flughafen anstelle des Zoos vor.

Auch die Brüder Luckhardt wünschten sich großflächige Abrisse. Die Kaiser-Wilhelm-Gedächtniskirche sollte weichen zugunsten eines riesigen Kreisverkehrs, von dem sternförmig mehrspurige Straßen ausgingen. Am Beginn des Kurfürstendamms wären alle Häuserblocks zu beiden Seiten ersetzt worden durch Hochhausscheiben bis zur Kreuzung mit der Knesebeckstraße, die ebenfalls zu einem Kreisverkehr aufgeweitet werden sollte. Fußgänger wurden auf Plateaus in Höhe des ersten Stockwerks verbannt, den Kurfürstendamm hätte man nur auf Brücken überqueren können. Glücklicherweise hatten all diese Pläne keine Chance – weil die Wirtschaftskraft fehlte und weil ein neues Stadtmuster immense Kosten für eine neue unterirdische Infrastruktur verursacht hätte. Die alte entlang der historischen Straßen war ja noch weitgehend intakt.

Zudem war der Mythos Kurfürstendamm noch lebendig. Anders als bei vielen führenden Architekten der Moderne gab es in der Bevölkerung sowie unter Künstlern und Publizisten eine Sehnsucht nach der früheren Aura des Boulevards. »Ich hab so Heimweh nach dem Kurfürstendamm«, sang 1949 Viktor de Kowa, der in der NS-Zeit Filmkarriere gemacht hatte (1963 spielte Hildegard Knef das Lied ein). Darin heißt es: »Alles was gut war, das kommt mal zurück / Wenn darüber auch Zeit vergeht / Aus Glück wurde Pech und aus Pech wird Glück / Solange die Welt sich dreht«. Unter dem Titel *Heimweh nach dem Kurfürstendamm* erschien 1952 ein Buch des deutsch-britischen Journalisten Paul Erich Marcus (»PEM«) mit seinen Erinnerungen an die zwanziger Jahre in Berlin. Es wurde ein Bestseller mit mehreren Auflagen.

Dabei war in den ersten Jahren des Wiederaufbaus noch völlig unklar, was aus Deutschland werden sollte, welche Rolle die Stadt Berlin und damit auch der Kurfürstendamm in Zukunft spielen würde. Weil sich die drei West-Alliierten einerseits und die Sowjetunion andererseits mit ihren Vorstellungen für die Zukunft Deutschlands immer stärker voneinander entfernten, zeichnete sich schon bald eine Teilung des Landes ab, durch die Berlin nicht mehr Hauptstadt für ganz Deutschland sein konnte. Für den Westteil der Stadt bedeutete dies, dass man Regierung und Parlament und das Diplomatische Korps verlieren würde. Die Berlin-Blockade 1948/49 und die Versorgung der Stadt über eine Luftbrücke führte jedem vor Augen, wie unsicher die Lage West-Berlins war – was bald eine Abwanderung von Industrien, Unternehmen, Kapital und auch von Bevölkerungsgruppen zur Folge haben sollte, die für das elegante Leben am Kurfürstendamm so wichtig gewesen waren. Durch die Gründung der beiden deutschen Staaten 1949 wurde West-Berlin zwar de facto Teil der Bundesrepublik, aber die Entwicklungschancen dieser demokratischen Insel inmitten der DDR blieben beschränkt.

Als Frontstadt im Kalten Krieg erhielt West-Berlin nicht nur erhebliche finanzielle Unterstützung durch die Bundesrepublik und den Marshall-Plan der USA. Bonn und die West-Alliierten wollten die Teilstadt auch zu einem Aushängeschild des freiheitlichen Westens und seiner Kultur machen. In einem der ersten Neubauten am Kurfürstendamm eröffnete 1950 das »Maison de France« als französisches Kulturzentrum mit einer Bibliothek und dem

»Cinema Paris«. Zugleich begannen auf Initiative des Filmoffiziers der amerikanischen Militärregierung, Oscar Martay, die Vorbereitungen für die Gründung der »Internationalen Filmfestspiele Berlin«, die erstmals im Juni 1951 unter dem Titel »Schaufenster der freien Welt« stattfanden. Sie sollten dem Kurfürstendamm in den Folgejahren wenigstens für zwei Wochen im Jahr etwas von dem einstigen Glamour zurückbringen. Das »Café Kranzler« lud 1951 in die zur Hälfte wiederaufgebaute Ruine des Hauses Ecke Joachimsthaler Straße, ein Jahr später eröffnete am ehemaligen Standort des Restaurants »Kempinski« an der Ecke Fasanenstraße das Hotel gleichen Namens in einem modernen, geschwungenen Neubau.

Mitte der fünfziger Jahre war man mit dem Wiederaufbau schon ein gutes Stück vorangekommen. Der Baedeker von 1954 spricht beim Kurfürstendamm bereits wieder von »Berlins elegantester Geschäfts- und Vergnügungsstraße«. Er zählt am Boulevard sieben Hotels, sechs Pensionen, sechs Weinrestaurants, acht Cafés und Konditoreien, sechs Bierlokale, vier Buchhandlungen, vier Theater, zwei Bars, neun Kinos und vier Galerien.

1954 fuhr die letzte Tram über den Kurfürstendamm – West-Berlin hatte beschlossen, alle Straßenbahnen abzuschaffen, um mehr Platz für den Autoverkehr zu gewinnen. Auf dem Mittelstreifen des Boulevards wurde von jetzt an geparkt. Zur selben Zeit entstanden am Kurfürstendamm zahlreiche Beispiele der westdeutschen Nachkriegsmoderne. Eher konservativ mit seiner Natursteinfassade gab sich der 14-geschossige Neubau der »Allianz« an der Ecke Joachimsthaler Straße, das erste Hochhaus in Sichtweite des Boulevards. Ein ähnlicher Entwurf mit zehn Geschossen entstand für die »Hamburg-Mannheimer« auf dem spitz zulaufenden Grundstück an der Uhlandstraße. Das »Haus Königstadt« gegenüber, direkt am Kurfürstendamm, blieb innerhalb der überliefer-

Abb. 33. Schöne neue Welt: Geschäftshäuser aus den fünfziger Jahren an der Ecke Uhland- und Grolmanstraße.

ten Traufhöhe, kam mit seiner geschwungenen Fassade aus weißen Glaselementen aber leichtfüßiger daher.

Beim Neubau des Gemeindezentrums in der Fasanenstraße hatte sich die jüdische Gemeinde gewünscht, dass die Reste der historischen Hauptfassade einbezogen würden. Aber die autogerechte Stadtplanung des Senats sah eine Verbreiterung der Fasanenstraße vor. Deshalb riss man die imposante Ruine der Synagoge ab. Dem zurückgesetzten modernen Gemeindehaus wurde aber ein Portal der alten Synagoge vorgeblendet, außerdem errichtete man aus geborgenen Halbsäulen-Paaren eine »Mahnsäule«.

In den fünfziger Jahren siedelten sich am Kurfürstendamm zahlreiche neugegründete Unternehmen der Modeindustrie an. Das historische Textilzentrum rund um den Hausvogteiplatz in

Mitte war verloren, die jüdischen Konfektionäre am Boulevard hatten die Nationalsozialisten vertrieben oder ermordet. Zu den ersten Adressen am Boulevard zählten jetzt Staebe-Seger, Gehringer & Glupp, Horn, Uli Richter und Hans W. Claussen. Auch Susanne Erichsen, die nach ihrer Haft in einem sowjetischen Arbeitslager in ihre Heimatstadt zurückgekehrt und 1950 »Miss Germany« geworden war, eröffnete einen Verkaufsraum ihrer Modemarke »Teenager Modelle«. Zur Berliner Modemesse, die viermal im Jahr stattfand, kamen Hunderte Fachjournalisten, Einkäufer und Kundinnen aus dem In- und Ausland in die Salons und Hotels am Kurfürstendamm.

1957 deutete sich zum ersten Mal an, dass die »schöne neue Welt« der Nachkriegsarchitektur im Herzen West-Berlins keineswegs uneingeschränkt begrüßt wurde. Auslöser war der Wettbewerb für eine neue Kaiser-Wilhelm-Gedächtniskirche, den Egon Eiermann mit einem modernen Entwurf gewann, der den kompletten Abriss der Reste des neoromanischen Kirchenbaus vorsah, die er abschätzig nur als »Steinhaufen« bezeichnete. Das löste in der Berliner Öffentlichkeit einen Proteststurm aus. »Wahrzeichen Berlins weicht starrem Beton«, titelte der *Tag*. Nach einer Umfrage des *Tagesspiegels* sprachen sich 90 Prozent für einen Erhalt des beschädigten Turmes aus, der damalige Regierende Bürgermeister Otto Suhr unterstützte die Forderung. Eiermann musste seinen Entwurf überarbeiten, gebaut wurde dann jenes Ensemble aus Turmstumpf und Betonwaben, das bis heute steht.

1958 entstand eines der bekanntesten Bauwerke des Kurfürstendamms, das neue »Café Kranzler«. Es war Teil eines großen Neubaukomplexes, der sich vom Kurfürstendamm die Joachimsthaler Straße entlang bis zur rückwärtigen Kantstraße zog, entworfen von Hanns Dustmann. Im Inneren des Baufeldes sollte eine Hochhausscheibe entstehen, die aber nicht realisiert wurde. Lediglich

Abb. 34. Mode-Shooting vor dem »Café Kranzler« 1953. In der Nachkriegszeit residierten einige namhafte Modehäuser am Boulevard.

die überwiegend zweigeschossigen Gebäude am Blockrand wurden errichtet. Die Fassade am Kurfürstendamm bildeten niedrige, gläserne Pavillons mit rot-weiß gestreiften Markisen, eine Architektur typisch für die »Nierentisch-Ära«, die allerdings eher nach Kurort aussah als nach Weltstadt-Boulevard. Die »Kranzler-Ecke« mit der charakteristischen Rotunde wurde ein beliebter Treffpunkt und ein neues Wahrzeichen von West-Berlin. Noch nach dem Fall der Mauer war das »Kranzler« so populär, dass sich Proteste regten, als dem Gebäude der Abriss drohte.

Abb. 35. Ein Wahrzeichen West-Berlins: 1958 entstand an der Ecke Joachimsthaler Straße ein Komplex von Flachbauten mit dem neuen »Café Kranzler«.

KENNEDY UND DIE QUEEN AM BOULEVARD

Der Mauerbau 1961 schnitt West-Berlin über Nacht komplett von seinem Umland ab. Aus Ost-Berlin, wo rund ein Drittel der Stadtbevölkerung lebte, konnten keine Pendler und Besucher mehr in den Westteil kommen, das Gleiche galt für die Menschen im Brandenburger Umland. Die West-Berliner waren förmlich »eingemauert«. Und sie fühlten sich allein gelassen von der Bundesre-

gierung in Bonn und von den Amerikanern. Als zwei Jahre später der amerikanische Präsident John F. Kennedy zu einem Solidaritätsbesuch in die Teilstadt kam und mit seinem Ausspruch »Ich bin ein Berliner« die Rolle West-Berlins als Vorposten der Freiheit bekräftigte, führte seine umjubelte Fahrt selbstverständlich auch über den Kurfürstendamm. Filmaufnahmen zeigen, wie die Fahrzeugkolonne, vom Bahnhof Zoo kommend, am »Café Kranzler« links abbiegt in Richtung Gedächtniskirche, während die Menschen auf beiden Seiten, viele auf mitgebrachten Leitern stehend, dem Präsidenten zujubeln. Der Besuch des Boulevards sollte zu einem festen Bestandteil im Programm vieler Staatsgäste werden. 1965 nahm der Konvoi mit der Limousine der briti-

Abb. 36. Das erste Hochhaus direkt am Kurfürstendamm: der 12-geschossige Bonneville-Turm von 1965 an der Ecke Bleibtreustraße.

schen Königin Elizabeth II. genau die gleiche Route über den Kurfürstendamm.

Kurz nach dem Bau der Berliner Mauer wurde 1961 die neue U-Bahn-Linie »G« eröffnet (später Linie 9), eine Nord-Süd-Strecke, die den West-Berliner Norden und Süden an das Zentrum rund um Bahnhof Zoo und Kurfürstendamm anbinden sollte. Dazu entstand an der Kreuzung des Boulevards mit der Joachimsthaler Straße der neue U-Bahnhof »Kurfürstendamm«, an dem man auch in die bestehende Linie 3 umsteigen konnte.

Mit dem Bau des Europa-Centers ab 1963 erhielt der Boulevard neben der Gedächtniskirche einen neuen perspektivischen Fluchtpunkt: einen gerasterten Büroturm mit Stahl-Glas-Fassade und bekrönendem Mercedes-Stern, der mit seinen 86 Metern den Turmstumpf der Kirche um 15 Meter überragte. Das Büro- und Einkaufszentrum am ehemaligen Standort des »Romanischen Cafés« sollte von der Prosperität und dem Weltstadt-Anspruch West-Berlins künden. Der Entwurf stammte vom Architekturbüro HPP Hentrich-Petschnigg & Partner, das kurz zuvor das Dreischeiben-Hochhaus in Düsseldorf fertiggestellt hatte. In Berlin fungierten als städtebauliche Berater Egon Eiermann und Werner Düttmann.

Als das Europa-Center 1965 eröffnete, wurde auch der erste Büroturm direkt am Kurfürstendamm fertiggestellt: das 12-geschossige Bonneville-Haus an der Ecke Bleibtreustraße. Auch hier folgte der Architekt einem in den USA verbreiteten Typus: Der Turm erhebt sich über einem niedrigen Podium, die Brandwände der benachbarten Gründerzeithäuser bleiben sichtbar – ein bewusster Bruch mit der überlieferten Blockrandbebauung und Traufhöhe am Boulevard.

Es waren solche schematischen Bauten ohne Bindung an das städtebauliche Umfeld, aber auch die vielen Abrisse historischer

Häuser, die zu einem wachsenden Unbehagen gegenüber der Nachkriegsarchitektur in West-Berlin führten. Zum einflussreichsten Kritiker dieser Fehlentwicklungen wurde der junge Publizist Wolf Jobst Siedler, der 1964 sein Buch *Die gemordete Stadt* veröffentlichte, ein »Abgesang auf Putte und Straße, Platz und Baum«, wie es im Untertitel hieß. In Essays und gegenübergestellten Fotografien von Alt und Neu beschwor Siedler die Schönheit und Vitalität der gründerzeitlichen Quartiere und beklagte die Banalität der Neubauten. Das Buch wurde ein Bestseller.

Siedlers Kritik entwickelte auch deshalb eine große Wirkung, weil er über viele Jahre den Wiederaufbau in West-Berlin journalistisch gefeiert hatte. Jetzt aber wurde offenbar, dass er endgültig vom »wahren Glauben« an die Moderne abgefallen war. Der Werkbund, dessen Vorstand der Journalist angehörte, drohte den Ketzer auszuschließen – worauf dieser freiwillig ging. Aus dem Planungsbeirat des Landes Berlin war Siedler bereits ausgetreten, als ihm bewusst geworden war, wie verhängnisvoll die Architekturentwicklung der Stadt war. Dabei standen ihr einige der größten Bausünden noch bevor.

Um diese Zeit erreichte die Achtundsechziger-Bewegung den Kurfürstendamm. 1965 demonstrierten auf dem Boulevard 10 000 Studenten gegen den Bildungsnotstand. Ein Jahr später war es das brutale Vorgehen der USA im eskalierenden Vietnam-Krieg, gegen das junge Leute auf dem Kurfürstendamm protestierten. Bei einer unangemeldeten Demonstration kam es erstmals zu schweren Auseinandersetzungen mit der Polizei, später wurden Wasserwerfer eingesetzt. Anfang 1967 durchsuchte die Polizei das Büro des »Sozialistischen Deutschen Studentenbundes« (SDS), das sich in den oberen Etagen des teilzerstörten Gründerzeitgebäudes Kurfürstendamm 140 befand. Dabei wurde die Mitgliederkartei beschlagnahmt, was neue Proteste auslöste. 500 Demonstranten

Abb. 37. In den sechziger Jahren wurde der Kurfürstendamm zur Bühne der Studentenproteste. Im Hintergrund das Europa-Center.

zogen vom Olivaer Platz zur Gedächtniskirche, bei der Abschlusskundgebung sprachen Günter Grass und Hans Magnus Enzensberger.

SCHÜSSE AUF STUDENTENFÜHRER RUDI DUTSCHKE

An Heiligabend desselben Jahres sprengten Demonstranten den Gottesdienst in der Gedächtniskirche. Studentenführer Rudi Dutschke versuchte von der Kanzel über den Vietnam-Krieg zu sprechen, wurde aber von Gottesdienstbesuchern daran gehindert. Während man Dutschke hinausführte, schlug ihm ein älterer Kirchenbesucher mit einem Stock den Kopf blutig. Wenige Monate später, im April 1968, wurde der Studentenführer unweit des SDS-Büros auf dem Kurfürstendamm vom jungen Rechtsextremisten Josef Bachmann angeschossen und schwer verletzt, was bei Dutschke zu bleibenden Behinderungen führte. An das Attentat erinnert heute eine Gedenkplatte im Bürgersteig.

Wie sehr sich das Verhältnis vieler Bürger zur Architektur der Gründerzeit inzwischen verändert hatte, zeigten 1968 die Proteste gegen den Abriss des Wohn- und Geschäftshauses Kurfürstendamm 210 neben dem »Maison de France«. Das Gebäude von 1899 mit einer reich dekorierten Fassade und einem schönen Portal hatte den Zweiten Weltkrieg unbeschadet überstanden, sollte jetzt aber einem modernen Geschäftshaus weichen. Das löste – selbst bei vielen Architekten – einen Sturm der Entrüstung aus. Aber die Proteste blieben erfolglos. Wenige Tage später meldete der *Berliner Anzeiger*, dass der Landeskonservator den Verlust des Gründerzeithauses zum Anlass genommen habe, die Unterschutzstellung von 50 Altbauten am Kurfürstendamm zu planen. Erst acht Jahre später erhielt Berlin das erste umfassende Denkmalschutzgesetz in der Geschichte der Stadt.

Die Zeit der radikalen Eingriffe in die historische Bausubstanz und den Charakter des Kurfürstendamms war damit aber noch längst nicht vorbei. Das belegt exemplarisch ein Vorschlag der jungen Architekten Georg Kohlmaier und Barna von Sartory aus dem Jahr 1969. Sie wollten über dem Mittelstreifen des Boulevards in zehn Metern Höhe verglaste Röhren mit »gleitenden Gehsteigen« installieren. Von diesen Hauptröhren sollten jeweils kleinere Röhren in die Obergeschosse der Häuser am Kurfürstendamm führen. Diese technoide Vision war ernst gemeint, Kohlmaier begründete sie damals – und bis ins hohe Alter – mit dem Ziel, den Straßenraum für die Fußgänger aufzuwerten. Grotesk.

Abb. 38. Ein Vorschlag aus dem Jahr 1969: Über dem Mittelstreifen verlaufen in zehn Metern Höhe verglaste Röhren mit »gleitenden Gehsteigen«.

Von den Bausünden der siebziger Jahre blieb der Kurfürstendamm nicht verschont, schlimmer noch, es entstanden innerhalb weniger Jahre gleich vier. Berlins damaliger Senatsbaudirektor Werner Düttmann machte den Anfang. Für den ersten Abschnitt des Boulevards entwarf er das Wertheim-Kaufhaus mit einer bunkerhaften Fassade, die er durch Betonstützen und horizontale Fensterschlitze gliederte. Noch klobiger wirkten die riesigen Kuben seines »Ku'damm-Ecks« an der Kreuzung Joachimsthaler Straße. Auch bei diesem 1972 eröffneten Bauwerk mit weißer Kunststoffverkleidung unterteilte der Architekt die Etagen durch dunkle Fensterschlitze. Blickfang war eine 300 Quadratmeter große Lichtraster-Werbefläche, die bewegliche Bilder erzeugen konnte und

Abb. 39. Architekturen der siebziger Jahre: An der Ecke Joachimsthaler Straße entstand das klobige »Ku'damm-Eck«, links davon das Kaufhaus Wertheim. Im Hintergrund das Europa-Center von 1965.

Abb. 40. Fast Food und Diskotheken: Eine neue Generation von Turnschuh-Touristen veränderte das Bild des Boulevards.

Nachrichten präsentierte. Zusammen mit der übrigen Leuchtreklame sollte nachts ein Hauch von Times Square und Piccadilly Circus entstehen. Im unübersichtlichen Inneren erwarteten die Besucher auf mehreren Ebenen Geschäfte, Kinos, Restaurants und Cafés, darunter ein »Café des Westens« – eine bemühte Anleihe an das historische Lokal am Boulevard schräg gegenüber.

1973 wurde am oberen Abschnitt des Boulevards das Kurfürstendamm-Center fertiggestellt, ein gewaltiger Komplex mit Geschäften, Büros und Wohnungen. Er besetzt mit seiner 200 Meter langen, schachtelartigen Fassade den gesamten Abschnitt zwischen Nestor- und Johann-Georg-Straße, der vor dem Zweiten Weltkrieg in neun Parzellen unterteilt war. Zwei Jahre später folgte das Ku'damm-Karree zwischen Uhland- und Knesebeckstraße, ebenfalls ein großer Mischkomplex, zu dem außerdem ein 100 Meter hoher Büroturm im hinteren Teil des Grundstücks gehörte. Eine verwinkelte interne Passage mit Geschäften führte bis zur rückwärtigen Lietzenburger Straße.

Jedes dieser vier Bauwerke wurde bereits bei der Fertigstellung kritisiert, die mangelnde Akzeptanz beim Publikum führte immer wieder zu Umbauten. Aber eine nachhaltige Aufwertung der unattraktiven Komplexe gelang dadurch nicht. Das Wertheim-Kaufhaus bekam 1983 eine neue Fassade, die bis heute besteht, dagegen wurde das Ku'damm-Eck 1999 abgerissen und das Ku'damm-Karree ab 2018. Ein ähnliches Schicksal dürfte eines Tages das Kurfürstendamm-Center ereilen.

INVASION DER WESTDEUTSCHEN TURNSCHUH-TOURISTEN

Der Banalisierung in der Architektur entsprach eine Veränderung des Publikums. Wo einst flaniert und auf einen passenden Dresscode geachtet wurde, tummelte sich jetzt die nivellierte Mittelstandsgesellschaft in Turnschuhen. In seinem Buch *Der Kurfürstendamm. Glanz und Elend eines Boulevards* erklärt der Schriftsteller Horst Krüger das neue Erscheinungsbild der Bummelmeile aus der Doppelrolle West-Berlins als Kostgänger der Bundesregierung und Frontstadt im Kalten Krieg. »Die Weststadt war abgeschnitten. Sie lebte nicht mehr aus eigener Kraft. Die Präsenz der Alliierten und der Wille der Bundesrepublik, die Inselstadt zu schützen, dominierten. Es entstand eine Subventionsatmosphäre, die gleichermaßen hilfreich und gefährlich war. Es begann damit auch jener Berlin-Tourismus, der in seiner typisch deutschen Mischung aus Wochenendreise und nationaler Treuekundgebung fast etwas Komisches hatte. Westdeutsche Provinz, ein ganz neues Publikum zog damit ein auf dem Boulevard. Schulklassen, Sportvereine, Kongressteilnehmer trabten, berlinselig und nachts etwas angetrunken, in Herden über den Boulevard. Vom ›Weltgeist‹ war hier nichts mehr zu spüren.«

Fachgeschäfte schlossen und wurden ersetzt durch Souvenir-Shops und Schnellrestaurants, in denen man auf Plastikstühlen saß oder eine Pizza oder einen Hamburger auf der Hand mitnahm. Die schmuddeligen Kneipen wurden noch schmuddeliger, hinzu kamen Peep-Shows und Porno-Kinos, die man in der West-City nur von den Rotlicht-Zonen Stuttgarter Platz und Lietzenburger Straße kannte.

Im Januar 1976 schrieb die langjährige Berlin-Korrespondentin der *Frankfurter Allgemeinen Zeitung*, Sabina Lietzmann, die die

Abb. 41. »Pizza-, Pop- und Porno-Promenade«: Ende der siebziger Jahre waren die Zeichen des Niedergangs am Boulevard nicht mehr zu übersehen.

Stadt 1961 verlassen hatte, über das Erscheinungsbild des Boulevards: »Nachts, wenn die Leuchtreklamen flimmern, sieht der Kurfürstendamm noch aus wie früher. Weltstädtisches Gelände Block für Block. Doch bei Tage lässt sich die Veränderung nicht mehr übersehen: Was einmal eine elegante Straße war, mit keiner anderen Adresse zu verwechseln, das ist jetzt zu einer Allerweltspassage geworden. Fliegende Händler machen den Boulevard zum Basar, und Pop-Laternen von klobiger Scheußlichkeit beleuchten die Szene. Was ist wohl in die Berliner Stadtväter gefahren, fragt sich diese verdutzte Besucherin ihrer Heimatstadt, dass sie ihre Prachtstraße zu einer Pizza-, Pop- und Porno-Promenade haben werden lassen?« Besonders mit der letzten Formulierung prägte Lietzmann Schlagworte, die in den nächsten Jahren immer wieder aufgegriffen wurden.

Abb. 42. Bei der zweiten Welle der Entstuckung wurde auch mit Farben experimentiert: ein braun-weiß bemalter Altbau an der Ecke Schlüterstraße.

Es war der *Spiegel*, der diesen Niedergang 1977 einordnete in einen international zu beobachtenden Verfall vieler einst glamouröser Boulevards. Sie alle würden unter Kommerzialisierung und zunehmendem Verkehr leiden. Diese Entwicklung sei keineswegs nur am Kurfürstendamm zu beobachten, sondern auch an den Champs-Elysées in Paris, der Via Veneto in Rom, dem Times Square in New York, der Königsallee in Düsseldorf oder der Leopoldstraße in München. Schließlich brach das Magazin eine Lanze für den Berliner Boulevard: »So gesehen ist der Kurfürstendamm trotz aller Beschädigungen noch immer einigermaßen intakt, ist er trotz aller Niveauverluste und Gefährdungen immer noch Muster für ein funktionierendes, kompliziertes

Großstadt-Quartier [...] Als große Gebrauchsstraße ist der Kurfürstendamm auch heute nahezu ohne Beispiel. Er hat noch Bummelwert.«

DIE KINDER VOM BAHNHOF ZOO

Zumindest konnte man das über jene Abschnitte des Boulevards sagen, die nicht im Einzugsgebiet des Bahnhofs Zoo lagen, der sich in den siebziger Jahren zu einem Umschlagplatz für Drogen entwickelt hatte. Bundesweit bekannt wurde dieses Milieu durch das 1978 erschienene Buch *Wir Kinder vom Bahnhof Zoo*, die biografische Erzählung einer jungen Drogenabhängigen unter dem Autorennamen »Christiane F.«. Das Schmuddel-Image des Bahnhofs färbte ab auf den Breitscheidplatz rund um die Gedächtniskirche und den ersten Abschnitt des Kurfürstendamms, wo in den Abendstunden und nachts Prostituierte nach Freiern Ausschau hielten. »Verkommen und dreckig, richtig verwahrlost sieht es zwischen der Meinekestraße und der Joachimsthaler manchmal schon an Samstagnachmittagen aus«, schrieb Horst Krüger. »An solchen Ecken verkommt der Prachtboulevard im Wohlstandsmüll seiner neuen Plastikkultur. Des Nachts wird es hier immer schwieriger, die Glitzerstraße von Berlins dunkelstem Punkt am Bahnhof Zoo zu unterscheiden. Wermutbrüder, Alkoholleichen, Penner, die Kinder vom Bahnhof Zoo: Sie hocken rund um die Gedächtniskirche, wenn es von ihrem Turm zwölf Uhr nachts schlägt.«

Aber dieses Milieu der Drogenabhängigen und Verwahrlosten, das damals das Bild von West-Berlin in vielen Medien bestimmte, war nur ein Ausschnitt der Wirklichkeit am Kurfürstendamm. Während der zwei Jahre, in denen das Buch *Wir Kinder vom Bahnhof Zoo* an der Spitze der *Spiegel*-Bestsellerliste stand, wurden zwei herausragende architektonische Ensembles am Boulevard mit großem Aufwand wiederhergestellt: das ehemalige Universum-Kino am oberen Kurfürstendamm und das »Wintergarten-Ensemble« in der Fasanenstraße.

Das Kino von Erich Mendelsohn war nach dem Zweiten Weltkrieg leicht verändert wiederaufgebaut worden, man nutzte es ab 1969 als Tanzlokal und Musicaltheater. 1975 entwickelte der Architekt Jürgen Sawade Pläne, das Haus zu einem Theater umzubauen, und er konnte das damalige Ensemble der Schaubühne am Halleschen Ufer, das auf der Suche nach einer neuen festen Spielstätte war, für seine Idee gewinnen. Da im Inneren ein völlig neues, multifunktionales Theatergebäude mit flexiblem Zuschauerbereich entstehen sollte, riss man das unter Denkmalschutz stehende Bauwerk zunächst komplett ab, um es dann innen neu zu errichten, äußerlich aber als originalgetreue Kopie des ursprünglichen Kinos.

Eine Zeitenwende für die Stadtplanung am Boulevard bedeutete der erfolgreiche Kampf für den Erhalt des »Wintergarten-Ensembles«. Dabei handelte es sich um drei benachbarte Villen aus der frühesten Bebauungszeit am Kurfürstendamm, die im Zweiten Weltkrieg beschädigt und danach nur notdürftig gesichert worden waren, eine Gebäudegruppe, wie man sie so nirgendwo am Kurfürstendamm noch fand. Seit dem Ende der sechziger Jahre rechnete man mit dem Abbruch, weil in der Verkehrsplanung für die West-City eine Verbreiterung der Fasanenstraße auf sechs Spuren und eine Untertunnelung des Kurfürstendamms vorgesehen war. Überlegungen, die Villen zu versetzen, wurden verworfen und 1978 die Abbruchanträge gestellt. Daraufhin bildete sich eine Bürgerinitiative »Wintergarten« für den Erhalt der Häuser. Sie war erfolgreich: Zwei Jahre später wurde das Ensemble unter Denkmalschutz gestellt. Die Villa mit der Hausnummer 23 erwarb das Land Berlin, dort zog das Literaturhaus ein mit Café und Buchladen. Die

Hausnummern 24 und 25 konnten dank des Mäzenatentums der Deutschen Bank restauriert und als Kollwitz-Museum bzw. Auktionshaus Villa Grisebach neu genutzt werden. Die Festrede zur Eröffnung des glücklich geretteten Ensembles hielt Wolf Jobst Siedler – 22 Jahre nach dem Erscheinen seines Buches *Die gemordete Stadt*.

DER KURFÜRSTENDAMM SOLL WIEDER »WELTSTADTBOULEVARD« WERDEN

Die Wahl Richard von Weizsäckers zum Regierenden Bürgermeister im Mai 1981 war Ausdruck eines politischen Klimawandels. Mit 48 Prozent für die CDU hatte er das bis dahin beste Ergebnis der Partei in West-Berlin erzielt, die SPD musste nach 26 Jahren die Macht abgeben. Weizsäcker berief einige jüngere Politiker in seine Regierungsmannschaft, darunter Stadtentwicklungssenator Volker Hassemer und Wirtschaftssenator Elmar Pieroth, die sich beide unter anderem das Ziel setzten, den Kurfürstendamm wieder zu einem »Weltstadtboulevard« zu machen. Pieroth wurde zum »City-Beauftragten« seiner Partei, und Hassemer kündigte an, durch Regelungen des Denkmalschutzes und der Bundesbauordnung die Gestalt des Boulevards zu verbessern. Für neue Schankveranden vor Restaurants gab es keine Genehmigungen mehr, es sollte verstärkt um anspruchsvolle Besucher aus dem In- und Ausland geworben und der »Turnschuh-Tourismus« zurückgedrängt werden. Eine Serie der *Berliner Morgenpost* gab die Stimmung wieder: »Frühling für den Kurfürstendamm«.

1984 wurde ein »Lineares Regelwerk« für den Kurfürstendamm verabschiedet, das die inzwischen allgemeine Wertschätzung für die historische Bausubstanz des Boulevards verdeutlicht. Mit der

Nachkriegsarchitektur geht es hart ins Gericht. »Ein einheitliches stadtgestalterisches Konzept beim Wiederaufbau ist kaum erkennbar. Die Bemühungen um modernen Städtebau konzentrierten sich mit dem Europa-Center, dem Zentrum am Zoo und dem Victoria-Areal auf den Bereich um die Gedächtniskirche. Daneben wurden ohne erkennbare stadtgestalterische Zielsetzung Hochhäuser errichtet, und vereinzelt wurde der ursprünglich geschlossene Blockrand aufgebrochen. Die Architektur der Neubauten hält die von der früheren Bebauung vorgegebenen Maßstäbe nicht ein. Neben den stark plastisch gegliederten Fassaden und Dächern wirken die Neubauten mit ihren flächigen, grob gegliederten Fassaden und der fehlenden Dachlandschaft reizlos.«

Im selben Jahr wurde beschlossen, die modernen Peitschenlampen aus der Nachkriegszeit am Boulevard durch Kopien der Hardenberg-Leuchte von 1900 zu ersetzen. Dieses Modell stand zwar früher nur in der Hardenbergstraße und nicht am Kurfürstendamm, wie Kunsthistoriker anmerkten, aber entscheidend war für die Planer, den historischen Charakter des Boulevards zu unterstreichen.

Dazu passten auch die postmodernen Neubauten am Kurfürstendamm, die sich mit ihrer Fassadengliederung besser in das Stadtbild einfügten als die meisten Architekturen der Nachkriegsjahrzehnte. Ein typisches Beispiel ist das »Berolina-Haus« am Beginn des Boulevards zwischen dem ehemaligen Kino »Marmorhaus« und dem einstigen Standort des »Café Möhring«. Der Neubau von Graaf, Schweger & Partner von 1986 zeigt eine symmetrische Pfeilerfassade mit Sprossenfenstern und eine zurückhaltende Farbigkeit. Über den drei mittleren Achsen erhebt sich ein breiter Segmentgiebel, der die Mitte des Hauses ähnlich betont wie die Dachaufbauten der beiden historischen Nachbargebäude. Wo Häuser an Straßenkreuzungen neu entstanden, wurde wieder

Abb. 43. Postmoderne: In den achtziger Jahren orientierten sich die Neubauten wieder an den historischen Gebäuden des Kurfürstendamms.

Wert auf eine architektonische Akzentuierung der Gebäudeecke gelegt (z. B. Kurfürstendamm 220 / Ecke Meinekestraße oder Kurfürstendamm 111 / Ecke Katharinenstraße).

Es war aufwärts gegangen mit West-Berlin und dem Kurfürstendamm. Aber die hochsubventionierte Teilstadt musste nach wie vor um Aufmerksamkeit kämpfen und dazu immer neue Ideen entwickeln – auch für ihre berühmteste Straße. So ersann man für das Jahr der 750-Jahr-Feier Berlins 1987 einen »Skulpturenboulevard«, bei dem acht Kunstwerke von Berliner Künstlern aufgestellt wurden. Er reichte von den einbetonierten Cadillacs von Wolf Vostell in Halensee bis zu den verschlungenen Röhren am »Kaufhaus des Westens«, die die beiden Teilstädte symbolisieren sollten. Zugleich wurden die kleinen Plätze entlang des Boulevards durch eine Neugestaltung aufgewertet. Ein Highlight war der Auftakt der »Tour de France« im Juli. Für drei Millionen D-Mark Lizenzgebühr hatte der Senat den Prolog der legendären Radrundfahrt an den Kurfürstendamm geholt. Zum Stadtjubiläum war außerdem das Buch *Der Kurfürstendamm* von Karl-Heinz Metzger und Ulrich Dunker erschienen, die erste umfangreiche Geschichte des Boulevards und bis heute das Standardwerk zum Thema.

Und nahtlos schloss sich das nächste Festjahr an: 1988 war West-Berlin die vierte »Europäische Kulturstadt« nach Athen, Florenz und Amsterdam. »Berlin in der Mitte Europas« lautete das Leitthema, mit dem die Teilstadt eine Vorreiterrolle bei der Überwindung des Eisernen Vorhangs beanspruchte. Der in Halle geborene Außenminister der Bundesrepublik, Hans-Dietrich Genscher (FDP), eröffnete das Kulturstadtjahr gemeinsam mit dem Regierenden Bürgermeister Eberhard Diepgen (CDU). Was Genscher am Ende seiner Rede formulierte, klang damals noch wie eine Utopie, erwies sich aber schon bald als prophetisch: »Eine Begegnungsstätte zwischen West und Ost, eine Werkstatt der Moderne, ein Zentrum europäischer Kultur – Berlin berechtigt zu der Hoffnung auf eine gemeinsame Zukunft der ganzen Stadt in einem ungeteilten Europa.«

Wie der Auftakt zum neuen Berlin wirkt in der Rückschau die erste Loveparade, die am 1. Juli 1989 über den Kurfürstendamm zog.

Die Idee dazu hatte der Techno-Discjockey Matthias Roeingh (der sich damals »Motte« nannte) nur sechs Wochen vorher. Er meldete sein Projekt als politische Demonstration an unter dem Motto »Friede, Freude, Eierkuchen«. Es kamen 150 Teilnehmer. Vier Monate später fiel die Mauer. Im wiedervereinten Berlin sollte die Loveparade zu einem Symbol für die neue Vitalität der Stadt werden und 1999 mit 1,5 Millionen Besuchern ihren Höhepunkt erreichen.

Abb. 44. Neue Hochhäuser markieren den Beginn des Boulevards: Von der Gedächtniskirche bis nach Halensee sind es 3,6 Kilometer.

V. KAPITEL : ab 1989
BOULEVARD DER VEREINTEN HAUPTSTADT

Als am frühen Abend des 9. November 1989 Günter Schabowski, Mitglied des SED-Politbüros, vor der Weltpresse verkündete, dass DDR-Bürgern kurzfristig »Privatreisen nach dem Ausland« genehmigt würden (»sofort, unverzüglich«, wie er glaubte) und sich daraufhin Tausende Ost-Berliner auf den Weg zu den Grenzübergängen an der Berliner Mauer machten, wo überrumpelte Volkspolizisten schließlich die Schlagbäume öffneten – da wussten viele ganz genau, was ihr erstes Ziel in West-Berlin sein würde: der Kurfürstendamm! Die wenigsten von ihnen hatten ihn jemals selbst gesehen, aber sie wussten um seine Bedeutung und seinen Mythos, aus Erzählungen, aus Filmen, Büchern und Liedern, aus dem Fernsehen. Und so tauchten gegen Mitternacht die ersten »Trabis« und Ladas und Wartburgs am Kurfürstendamm auf, mit Jubel begrüßt von den West-Berlinern, die es nach den elektrisierenden Meldungen aus den Medien ebenfalls ins Zentrum des Westens rund um die Gedächtniskirche getrieben hatte. Die größte Vereinigungsparty dieser historischen Nacht, sie fand am Kurfürstendamm statt.

Einige Ostdeutsche seien sogar aus Frankfurt an der Oder und Magdeburg gekommen, schreibt die *Welt* in der Ausgabe vom 11. November. »Beiderseits der Kurfürstendamm-Fahrbahnen das schrillste Freiluftkonzert der Saison: West-Berliner hupen, applaudieren, stimmen Klatschmärsche an. Die Kneipentheken ringsum wie in der ›Eierschale‹ oder in der ›Ranke 1‹ sind in Viererreihen umlagert.« Und in der *Welt am Sonntag* vom 12. November heißt es:

»Was sich in dieser Nacht und am gestrigen Tag in der West-Berliner Innenstadt abspielte, machte auch hartgesottene Gemüter weich. Gefühlen wurde freier Lauf gelassen. Hunderttausend Menschen aus Ost und West schoben sich dichtgedrängt über Berlins Bummelboulevard Kurfürstendamm. Auf der Straße wurde ein ausgelassenes Fest gefeiert. Die Menschenmasse verdrängte die Autos vom Ku-Damm. Sehen, Currywurst essen und bestaunen war die Devise für Berliner Ost und Berliner West. ›Eintritt heute abend 10 Mark – DDR-Bürger frei‹, verkündete das Plakat eines Bierhauses. Ein Fortkommen mit dem Auto war nicht mehr möglich. Der Ku-Damm war zur Hälfte mit DDR-Autos zugeparkt, einschließlich der Busspur, die diesmal jedoch nicht wie üblich unerbittlich geräumt wurde.«

Über Nacht hatten sich neue, großartige Perspektiven für den Boulevard eröffnet. Was Generationen von Berlinern als utopisch galt, schien jetzt möglich: dass der Kurfürstendamm wieder die Prachtstraße für ganz Berlin werden könnte. Noch aber war über die politische Zukunft der Stadt nicht entschieden, noch gab es zwei deutsche Staaten. Würde es, trotz der neuen Reisefreiheit, dabei bleiben? Oder würde es eine Konföderation aus Bundesrepublik und DDR geben? Oder gar die vollständige Wiedervereinigung?

Ein knappes Jahr später, schneller, als die meisten geglaubt hatten, wurde am 3. Oktober 1990 die Deutsche Einheit vollzogen, mit Berlin als Hauptstadt. Allerdings hatte der Einigungsvertrag ausdrücklich offengelassen, wo Regierung und Parlament des vereinten Landes künftig angesiedelt sein sollten. Nach einem halben Jahr heftiger Debatten entschied der Deutsche Bundestag in Bonn am 20. Juni 1991 mit knapper Mehrheit, dass Berlin die vollwertige Hauptstadt der Bundesrepublik sein solle: Sitz des Bundespräsidenten, der Bundesregierung und des Deutschen Bundestages. Lediglich die Hälfte der Ministerien solle am Rhein verbleiben. Für den Kurfürstendamm war dies eine bedeutende Weichenstellung. Denn jetzt durfte man damit rechnen, dass wenigstens ein Teil jenes Publikums zurückkehren würde, das den Boulevard einst groß gemacht und ihn lange Zeit geprägt hatte. Hier könnte bald wieder die Prominenz des Landes vorbeischauen, Spitzenpolitiker, das Diplomatische Corps und nicht zuletzt mehr zahlungskräftige Touristen. Die namhaften Modelabels könnten Filialen eröffnen und Investoren aus dem In- und Ausland viel Geld in die Entwicklung des Kurfürstendamms stecken.

ABWANDERUNG NACH BERLIN-MITTE

Aber der erhoffte Aufschwung für den Boulevard sollte dann noch ein Jahrzehnt auf sich warten lassen. Das hatte zwei Gründe. Zum einen brauchte es länger als gedacht, bis die neuen Domizile für Parlament und Regierung fertig waren. Erst im April 1999 nahm der Deutsche Bundestag im umgebauten Reichstagsgebäude seine Arbeit auf, und im August desselben Jahres bezog Kanzler Gerhard Schröder (SPD) seinen provisorischen Berliner Amtssitz im ehemaligen DDR-Staatsratsgebäude. Zum anderen richtete sich das Interesse von Berlinern und Besuchern auf die neue alte Mitte Berlins im ehemaligen Ostteil der Stadt, wo es noch viel Unbekanntes zu entdecken gab und wo der Wandel besonders schnell und sichtbar war, etwa im altstädtisch anmutenden Scheunenviertel rund um die Hackeschen Höfe oder zwischen Unter den Linden und Gendarmenmarkt. Besonders der Friedrichstraße traute man zu, eine echte Konkurrenz zum Kurfürstendamm zu werden. Nach Mitte zog es auch die Repräsentanzen der großen deutschen Konzerne, die Medien, viele Botschaften und Landesvertretungen. Hinzu kam ein völlig neues Stadtquartier am jahrzehntelang verwaisten Potsdamer Platz, das ebenfalls eine erste Adresse für Shopping und Unterhaltung werden sollte.

Als exemplarische Verluste empfanden viele West-Berliner die Schließung des traditionsreichen »Café Möhring« am Kurfürstendamm schräg gegenüber der Gedächtniskirche 1993 sowie den Umzug des Prominentenlokals »Fofi's« 1995. Über viele Jahre war es eine Institution in der Fasanenstraße unweit des Kurfürstendamms gewesen, jetzt verlegte die bekannte griechische Wirtin ihr Restaurant ins Nikolaiviertel, den historischen Gründungsort der Stadt. Und sogar die Berliner Filmfestspiele verließen den Kurfürstendamm: Sie fanden im Jahr 2000 erstmals rund um den Potsdamer Platz statt, wo inzwischen die größte Dichte an Kinosälen in Berlin bestand.

Das führte zur sichtbarsten Veränderung am Boulevard im Westen: Zahlreiche Kinos, die schon seit längerem über nachlassende Zuschauerzahlen klagten, gaben auf. 1998 schlossen »Gloria« und »Gloriette« an der Gedächtniskirche, 1999 das »Kuli« im Ku'damm-Karree, 2000 und 2001 die beiden einstigen Pionierstätten des Films »Filmbühne Wien« und »Marmorhaus«. Es folgten die »Lupe«, das »Astor« und 2003 das »Hollywood«. Der Kurfürstendamm als Kinomeile war damit Geschichte.

1996 hatte sogar das »Café Kranzler« zur Disposition gestanden. Denn das gesamte Victoria-Gelände bis zur Kantstraße, zu dem es gehörte, war von der Deutsche Immobilien Fonds AG erworben worden, die Pläne für ein Hochhaus wieder aus der Schublade holte, die es schon in den fünfziger Jahren gab und auch im Jahr 1988, aber damals – kurz vor dem Fall der Mauer – vom Bezirk Charlottenburg abgelehnt wurden. Jetzt, wo die alte Mitte Berlins florierte, fürchtete man in der City West, den Anschluss zu verlieren. Ein spektakulärer Neubau auf dem Kranzler-Areal erschien als willkommener neuer Impuls für den Kurfürstendamm.

Abb. 45. Hinter dem »Kranzler-Eck« erhebt sich seit dem Jahr 2000 ein gläsernes Hochhaus des deutsch-amerikanischen Architekten Helmut Jahn.

Der erste Entwurf des in Chicago wirkenden deutschen Architekten Helmut Jahn sah einen 144 Meter hohen Büro- und Hotelturm hinter dem »Café Kranzler« vor – so hoch wie der Berliner Funkturm an der Avus. Um das zu verhindern, dachte Stadtentwicklungssenator Peter Strieder (SPD) darüber nach, die gesamten Flachbauten aus der Nachkriegszeit (einschließlich des »Café Kranzler«) »notfalls zu opfern«, um das Volumen des geplanten Hochhauses auf eine neue Blockrandbebauung mit der üblichen Traufhöhe des Kurfürstendamms zu verteilen. Die Idee sorgte für heftige Proteste. Auch Bausenator Jürgen Klemann (CDU) legte sich quer: »Das Kranzler bleibt.« Als Kompromiss entwarf Helmut Jahn einen 65 Meter hohen, gläsernen Hochhausriegel mit 16 Geschossen, der vom rückwärtigen Stadtbahn-Viadukt bis an den Kurfürstendamm reicht, wo er ihn auf aggressive Weise zuspitzt. Die Flachbauten mit dem »Café Kranzler« blieben zwar erhalten – aber das legendäre Lokal wurde geschrumpft auf einen Coffeeshop in der charakteristischen Rotunde. Ins Erdgeschoss und in den ersten Stock zogen Modeläden ein.

1998 beim Abriss des »Ku'damm-Ecks« auf der anderen Seite der Straßenkreuzung gab es keine Proteste. Mit dem klobigen Bauwerk aus den siebziger Jahren waren Berliner und Besucher nie warm geworden. Nun, da der Boulevard sich im vereinten Berlin behaupten musste, passte das »Ku'damm-Eck« endgültig nicht mehr in die Landschaft. An seiner Stelle entstand ein etwas düsterer Neubau des Architekturbüros GMP, der aber immerhin mit seiner Ladenzone wieder dem Blockrand folgt und in den Obergeschossen eine schwungvolle Rundung zeigt. Auf der vorspringenden Ecke des Gebäudesockels wurde die Skulptur *Das Urteil des Paris* von Markus Lüpertz aufgestellt. An das alte »Ku'damm-Eck« erinnert nur noch die 100 Quadratmeter große LED-Werbetafel, eine verkleinerte Version des riesigen Bildschirms, der beim Vorgängerbau über beide Fassaden hinweg um die Ecke lief.

EINKAUFSSTRASSE
NUMMER EINS DER HAUPTSTADT

Zehn Jahre nach dem Fall der Mauer war der Kurfürstendamm erkennbar im Aufwind. Im September 1999 verkündete die *Berliner Morgenpost* auf ihrer Titelseite: »Berlins City West ist wieder da.« In dem Beitrag wurden zwei Entwicklungen genannt, die die Geschäftsleute und Anwohner des Boulevards optimistisch stimmten. Viele traditionelle Ku'damm-Gänger seien zunächst neugierig

Abb. 46. Nach der Schließung des »Café Kranzler« entstanden neue Treffpunkte am Kurfürstendamm wie das Restaurant »Reinhard's« im Hotel Kempinski.

auf die neue Mitte Berlins gewesen. Inzwischen aber hätten sie genug »von weiten Anfahrtswegen, lauter Geräuschkulisse, Yuppies und Szenegängern – und kommen zurück«. In der Zwischenzeit habe der neue Konkurrenzdruck den Kurfürstendamm positiv verwandelt. Geblieben sei der traditionelle Boulevard-Charakter, freundlicher sei der Ton im Servicebereich geworden. »Viele unserer meist in Zehlendorf oder Grunewald wohnenden Stammgäste sind mittlerweile zurückgekommen«, wird der Geschäftsführer eines bekannten Restaurants zitiert. Die Konzepte der Kino-, Theater- und Gastronomiebetreiber hätten an Zuschnitt gewonnen, der Kurfürstendamm verzeichne steigende Besucherzahlen. Dazu hätten auch besondere Veranstaltungen beigetragen wie »Das

Abb. 47. Der Kurfürstendamm ist eine ideale Bühne für besondere Events wie die Oldtimer-Parade »Classic Days«.

große Q«, der mit 1111 Metern »längste Laufsteg der Welt«, auf dem 800 Models den mehr als 50 000 Zuschauern neue Kreationen aus Paris, Berlin und Moskau vorführten.

Diesen Trend verstärkten die in der »AG City« zusammengeschlossenen Geschäftsleute am Kurfürstendamm mit einer groß angelegten Image-Kampagne, die den Boulevard vor allem als Shopping-Meile bewerben sollte. Wie Studien zeigten, war der Kurfürstendamm trotz der neuen Popularität von Berlin-Mitte immer noch die meistfrequentierte Einkaufsstraße der ganzen Stadt. An einem Sonnabend wurden auf dem Boulevard im Westen 20 000 Passanten gezählt, während man in der Friedrichstraße nur auf 3000 kam.

Um die Attraktivität des Kurfürstendamms auch durch seinen architektonischen Charakter zu steigern, setzte der Bezirk Charlottenburg im Dezember 2000 eine »Erhaltungssatzung« in Kraft, die das Ziel hatte, »die städtebauliche Eigenart des Gebietes« zu bewahren. Darin heißt es: »Trotz der Einbußen an Bausubstanz durch den Zweiten Weltkrieg und die späteren Veränderungen durch Modernisierung und Errichtung von Neubauten ist die städtebauliche Charakteristik des Erhaltungsgebietes als vormals großbürgerliches Wohngebiet aus der Kaiserzeit erhalten geblieben«. [...] Die Bauten der Zeit bis 1920 sind daher auch das städtebauliche Leitbild, an dem sich die Errichtung von Neubauten vorrangig zu orientieren hat. Das gilt insbesondere für die Höhe [...] sowie für die Einfügung in die architektonische Gestaltung der Umgebung.« Dazu gehörten u. a. »maßvolle und zurückhaltende« Werbeanlagen.

Seit dem Fall der Mauer hatte die jüdische Gemeinde in Berlin einen starken Zuzug verzeichnet. Nach Angaben des American Jewish Committee war es zwischen 1990 und 2010 die weltweit am schnellsten wachsende jüdische Gemeinschaft. Rund 80 Prozent der Gemeindemitglieder waren eingewanderte Juden aus Russland und anderen Nachfolgestaaten der Sowjetunion, und ähnlich wie in den zwanziger Jahren siedelten sich viele von ihnen rund um den Kurfürstendamm an. Wie damals hörte man jetzt beim Bummel über den Boulevard, in Restaurants und Geschäften Russisch. Manche Boutiquen stellten eigens Verkäuferinnen mit Russischkenntnissen ein.

2006 wurden dem »Theater am Kurfürstendamm« und der »Komödie« durch die Deutsche Bank Real Estate die Verträge gekündigt, was ein jahrelanges Tauziehen um die Zukunft der beiden Traditionsbühnen im »Ku'damm-Karree« auslöste. Mehrmals wechselten die Eigentümer des riesigen Komplexes, und jedes Mal hatten die neuen Bauherren andere Vorstellungen für dessen Umbau als ihre Vorgänger. Mal wurde den beiden Theatern Aufschub gewährt, mal drohten sie ihre Spielstätten zu verlieren. Ein Antrag im Kultur-

Abb. 48. Rückkehr der Klassik: Ein Neubau in der Eisenzahnstraße direkt am Kurfürstendamm orientiert sich an historischen Wohnpalästen.

ausschuss der Stadt, sie unter Denkmalschutz zu stellen, erhielt keine Mehrheit. Schließlich wurde 2017 ein Kompromiss erzielt, den der neue Kultursenator Klaus Lederer (Linke) mit auf den Weg gebracht hatte: Der Spielbetrieb am Kurfürstendamm würde bis Mitte 2018 aufrechterhalten, dann sollten die Theater während der Errichtung des Neubaukomplexes in eine Übergangsspielstätte ausweichen und nach der Rückkehr an den Kurfürstendamm in einen neuen Saal mit 650 Plätzen ziehen. Damit wurde die Bühnentradition an diesem Standort gesichert, die beiden historischen Säle aber waren verloren.

2013 drohte einer weiteren Institution am Kurfürstendamm das Aus: dem »Maison de France«, Aushängeschild französischer Kultur mit dem »Cinema Paris«, einer Bibliothek und einem Bistro-Restaurant. Die französische Regierung wollte das Institut Français in die Räume der Botschaft am Pariser Platz verlegen und das Haus am Kurfürstendamm verkaufen. Dagegen regte sich erheblicher Widerstand nicht nur bei den Beschäftigten, sondern auch in der Berliner Bevölkerung. Eine Online-Petition gegen die Schließung wurde von mehr als 14 000 Personen unterstützt. Schließlich entschied man in Paris, das Gebäude am Kurfürstendamm nicht zu verkaufen und das Kulturzentrum an seinem bisherigen Standort fortzuführen.

DIE NEUE ELEGANZ

In den 2010er Jahren erlebte der Kurfürstendamm seine beste Zeit seit 1945. Exklusive Modelabels eröffneten große Boutiquen, darunter Armani, Dior, Dolce & Gabbana, Prada, Versace, Louis Vuitton und Zegna. Hinter der klassizistischen Tempel-Fassade der ehemaligen »Filmbühne Wien« entstand ein Apple-Store, links

Abb. 49. An sonnigen Sommertagen bilden die Platanen ein hellgrün leuchtendes Dach und werfen Schattenmuster auf den Bürgersteig.

daneben ein Showroom von Tesla, zur Rechten eröffnete im »Hotel am Zoo« das Restaurant mit Bar »Grace«. Dazu passte die neue Attraktion der »Classic Days« im Sommer, bei denen der Kurfürstendamm für ein Wochenende zur Bühne für ein großes Defilee von Oldtimern wurde.

Auch architektonisch zeigte sich der Boulevard an vielen Stellen in noblerem Gewand. An der Ecke Bleibtreustraße wurde der in den sechziger Jahren aufgebrochene Blockrand zum Teil wieder geschlossen mit einem gläsernen Neubau, wobei man den berühmtesten Imbiss am Boulevard, »Bier's Kudamm 195«, erhalten konnte, der seit 1965 besteht. Mit seinem besonderen Angebot von Currywurst und Champagner ist er eine Institution für Nachtschwärmer. Viele Erdgeschosszonen von Altbauten, die seit der Nachkriegszeit entstellt waren, hat man wieder dem Charakter der historischen Gebäude angepasst. Am Adenauerplatz wurde die neobarocke Fassade des einstigen »Alhambra«-Kinos rekonstruiert. Gegenüber entstand anstelle eines nichtssagenden Nachkriegsbaus das »Palais Holler«, bei dem sich der Architekt Tobias Nöfer bemühte, die Typologie der historischen Kurfürstendamm-Häuser aufzunehmen. Noch spektakulärer in seiner Eleganz und seinen großzügigen Geschosshöhen ist ein französisch inspirierter, weiß verputzter Neubau des Architekten Sebastian Treese in der Eisenzahnstraße direkt am Boulevard.

Schließlich wuchsen zwischen Bahnhof Zoo und Kurfürstendamm zwei elegante Turmhäuser bis zu einer Höhe von 120 Metern empor, die zu neuen Wahrzeichen der prosperierenden City West wurden und positiv auf den ersten Abschnitt des Kurfürstendamms ausstrahlen: das »Zoofenster« des Architekten Christoph Mäckler mit dem Hotel »Waldorf Astoria« und das »Upper West« der Architekten Christoph Langhof und KSP Jürgen Engel, in dem sich u. a. ein »Motel One« befindet.

Abb. 50. Neben dem Imbiss-Klassiker »Bier's Kudamm 195« stellt ein gläserner Neubau die alte Straßenflucht des Boulevards wieder her.

Sieben Jahre lang trug auch das Café-Restaurant »Grosz« im ehemaligen Haus Cumberland mit seinen mondänen Interieurs zur neu gewonnenen Eleganz des Kurfürstendamms bei. Aber der Gastronom Roland Mary, der nach der Wende das Restaurant »Borchardt« in Berlin-Mitte zur bevorzugten Adresse der Prominenz aus Politik, Wirtschaft und Unterhaltung machte, hatte am Boulevard im Westen weniger Fortune. Das »Grosz« musste 2019 schließen.

Die Corona-Pandemie fühlte sich auch am Kurfürstendamm an wie eine Zäsur. Niemals seit den Kriegstagen war der Boulevard so leer gewesen wie in den Wintermonaten des Lockdowns. Und im November 2020 starb einer der bekanntesten Vertreter der Kurfürstendamm-Szene, Udo Walz, mit 76 Jahren isoliert in einem Krankenhaus. Als Neunzehnjähriger war der gebürtige Schwabe 1963 nach Berlin gekommen, 1985 hatte er sein erstes Friseurgeschäft am Kurfürstendamm eröffnet. Einem größeren Publikum wurde er bekannt, weil er Angela Merkel auf ihrem Weg zur Kanzlerschaft nach und nach einen neuen Look gegeben hatte. Udo Walz war eine der wenigen bekannten Persönlichkeiten des Boulevards, denen es gelang, aus den Zeiten des alten West-Berlins erfolgreich in die Berliner Republik hinüberzuwechseln.

Ob Corona in der Geschichte der Prachtstraße einen tiefen Einschnitt markiert oder nur eine kurze Unterbrechung, das wird sich zeigen. Nach einer Studie von Cushman & Wakefield ging die Passantenfrequenz am Kurfürstendamm von März 2020 bis März 2021 um 35 Prozent zurück. Im Vergleich zu anderen Haupteinkaufsstraßen in Europa ist das ein moderates Minus. Auf den Champs-Élysées in Paris wurden im selben Zeitraum 44 Prozent weniger Passanten gezählt, die Gran Vía in Madrid verzeichnete einen Rückgang von 63 Prozent, in Londons Oxford Street betrug er 71 Prozent.

Dass in der deutschen Hauptstadt die Touristen fehlten, machte sich besonders in den Geschäften an hochfrequentierten Straßen wie dem Kurfürstendamm bemerkbar, die normalerweise bis zu 50 Prozent ihres Umsatzes den Berlin-Besuchern verdanken. Manche Läden schlossen für immer, darunter waren namhafte Designer. Auch anderthalb Jahre nach Beginn der Pandemie sah man am Boulevard leere Geschäfte und zugeklebte Schaufenster. Aber es gab auch Neuanfänge. An der Ecke Uhlandstraße eröffnete die Spielbank Berlin erstmals eine Filiale am Kurfürstendamm. Im ehemaligen Kino »Alhambra« und an der Ecke Knesebeckstraße

Abb. 51. Für einige Jahre war das »Grosz« im Haus Cumberland das mondänste Café-Restaurant am Kurfürstendamm. 2019 musste es schließen.

entstanden innovative Concept Stores, auch bekannte Marken wie Huawei und A. Lange & Söhne eröffneten neu am Boulevard.

Die meisten Bauprojekte kamen voran wie geplant. An der Stelle des früheren »Gloria«-Kinos von 1953, das man in den achtziger Jahren durch eine postmoderne Ladenpassage ersetzt hatte, die nicht funktionierte und deshalb wieder abgerissen wurde, konnte man 2021 zwei neue Geschäftshäuser fertigstellen. Links daneben wurde das älteste erhaltene Haus am Kurfürstendamm aus dem Jahre 1890 aufwendig saniert, einschließlich des historischen Restaurants »Mampe«.

An der Stelle des abgerissenen Ku'damm-Karrees aus den siebziger Jahren zwischen Uhland- und Knesebeckstraße entsteht – bis weit hinüber zur Lietzenburger Straße – der Neubau-Komplex »FÜRST« mit Büros, Geschäften, Restaurants und einem öffentli-

Abb. 52. Wo einst das »Ku'damm-Karree« war, entsteht der Neubaukomplex »Fürst« mit Geschäften, Gastronomie, Büros, einem Hotel und einem Theater.

chen Innenhof. In den Untergeschossen wird ein neuer Theatersaal für die »Komödie am Kurfürstendamm« liegen, die aus ihrem zwischenzeitlichen Exil im Schiller Theater wieder an ihren historischen Standort zurückkehrt. Den Eingang zur unterirdischen Bühne markiert ein runder Pavillon im Innenhof, der vom Kurfürstendamm aus zu sehen sein soll. Rund hundert Jahre nach der Eröffnung der ersten Bühnen an diesem Standort wird die Theater-Tradition am Boulevard fortgesetzt.

Wie hieß es noch in dem Lied »Ich hab so Heimweh nach dem Kurfürstendamm«? »Alles was gut war, das kommt mal zurück / Wenn darüber auch Zeit vergeht / Aus Glück wurde Pech und aus Pech wird Glück / Solange die Welt sich dreht!«

LITERATUR

Bösel, Peter-Alexander: Kurfürstendamm. Berlins Prachtboulevard. Erfurt 2008

Boulevards. Die Bühnen der Welt. Mit einer Einleitung von Klaus Hartung. Berlin 1997

Jochens, Birgit / Miltenberger, Sonja: Von Haus zu Haus am Kurfürstendamm. Geschichte und Geschichten über Berlins ersten Boulevard. Berlin 2011

Krüger, Horst: Der Kurfürstendamm. Glanz und Elend eines Boulevards. Hamburg 1982

Lehmann, Friedrich Wilhelm: Kurfürstendamm. Bummel durch ein Jahrhundert. Berlin 1964

Metzger, Karl-Heinz / Dunker, Ulrich: Der Kurfürstendamm. Leben und Mythos des Boulevards in 100 Jahren deutscher Geschichte. Berlin 1986

Miltenberger, Sonja: Jüdisches Leben am Kurfürstendamm. Berlin 2011

Stürickow, Regina: Der Kurfürstendamm. Geschichte des Berliner Boulevards. Berlin 2021

Zajonz, Michael / Kuhrau, Sven (Hrsg.): Heimweh nach dem Kurfürstendamm. Geschichte, Gegenwart und Perspektiven des Berliner Boulevards. Petersberg 2009

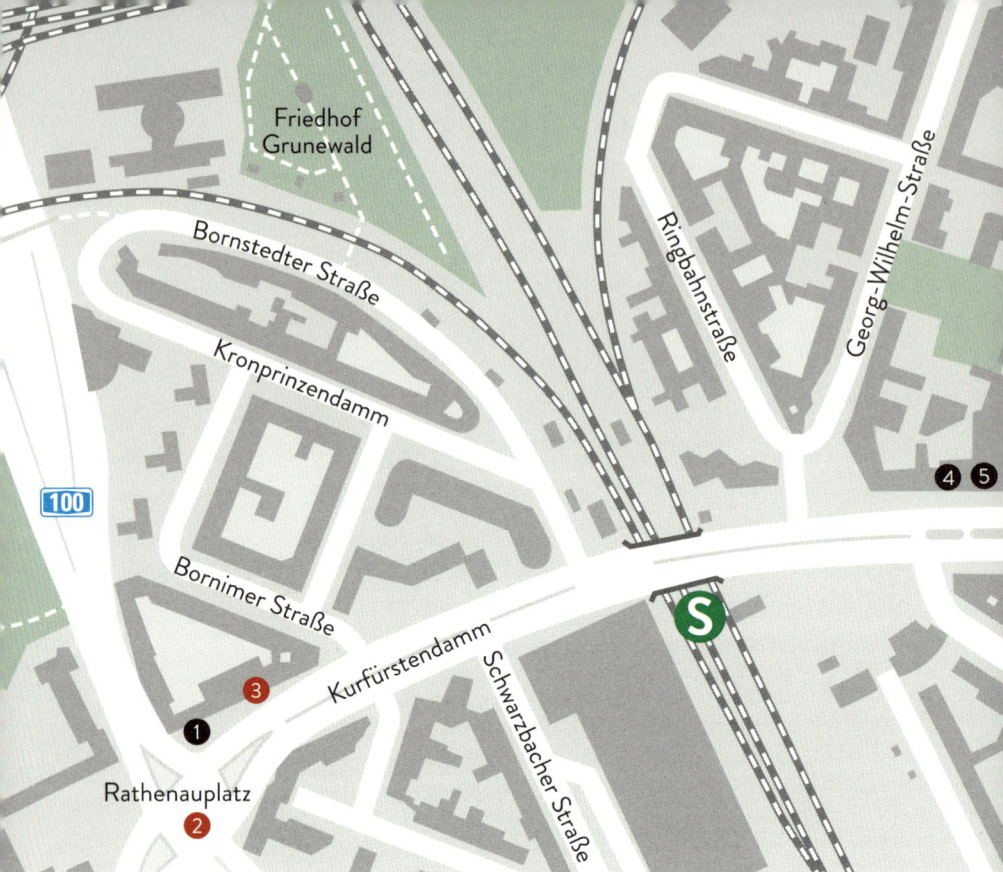

KURFÜRSTENDAMM – RATHENAUPLATZ BIS CICEROSTRASSE

LOCATIONS

- ❷ Rathenauplatz: Beton-Cadillacs von Wolf Vostell
- ❸ Nr. 124a: Eingang Lunapark
- ⑬ Nr. 142–147: Kurfürstendamm-Center

GEDENKTAFELN

- ⑩ Nr. 140: Generalplan Ost
- ⑪ Nr. 141: Attentat auf Rudi Dutschke

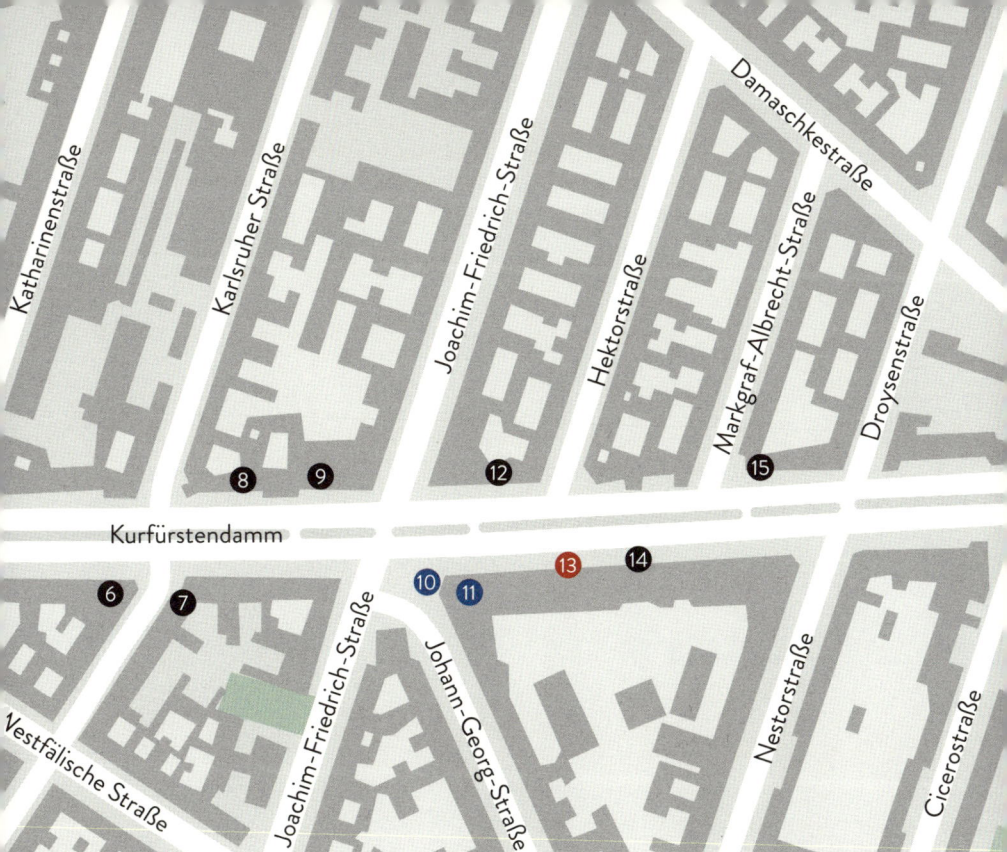

WOHNUNGEN

- ① Nr. 125: Tilla Durieux, Schauspielerin
- ④ Nr. 113: Rudolf Diesel, Erfinder
- ⑤ Nr. 111: Victor Hollaender, Pianist und Komponist
- ⑥ Nr. 135: Friedrich Delitzsch, Assyriologe
- ⑦ Nr. 136: Hilla von Rebay, Malerin und Kunstsammlerin
- ⑧ Nr. 105: Conrad Veidt, Schauspieler
- ⑨ Nr. 102: Franziska Tiburtius, Ärztin und Frauenrechtlerin
- ⑫ Nr. 100: Hugo von Tschudi, Direktor der Nationalgalerie
- ⑭ Nr. 145: Alfred Kerr, Journalist
- ⑮ Nr. 94/95: Kurt Mühsam, Publizist

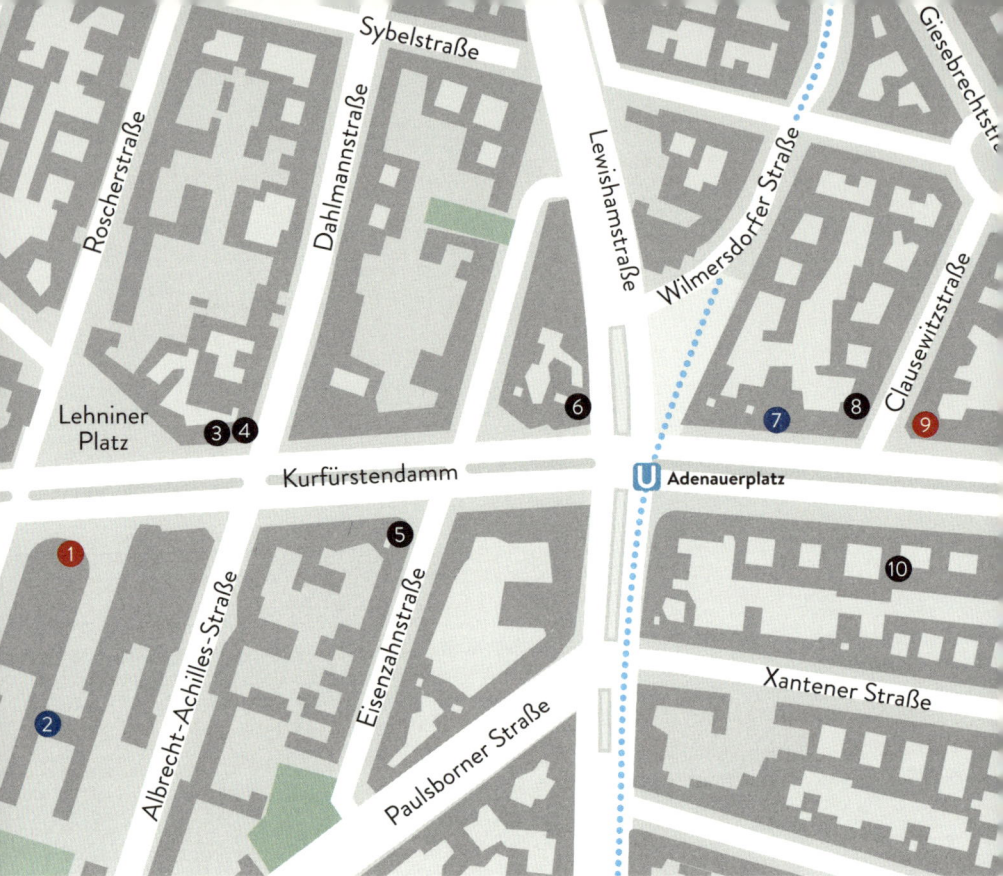

KURFÜRSTENDAMM – CICEROSTRASSE BIS BLEIBTREUSTRASSE

LOCATIONS

1. Nr. 153: Universum-Kino/Schaubühne, Kabarett der Komiker
9. Nr. 66: Mercedes-Filiale Rudolf Caracciola
18. Nr. 194: Haus Cumberland, Café und Restaurant »Grosz«

GEDENKTAFELN

2. Nr. 154: Walter Jurmann, Film- und Schlagerkomponist
7. Nr. 68: Kino »Alhambra«, erster Tonfilm der Welt
13. Nr. 184: Hermann und Elsa Strauß, deportiert nach Theresienstadt
15. Nr. 186: Rudolf Nelson, Komponist und Theaterdirektor
16. Nr. 52: Robert Koch, Arzt (2. Wohnung)
17. Nr. 50: Michael Bohnen, Opernintendant

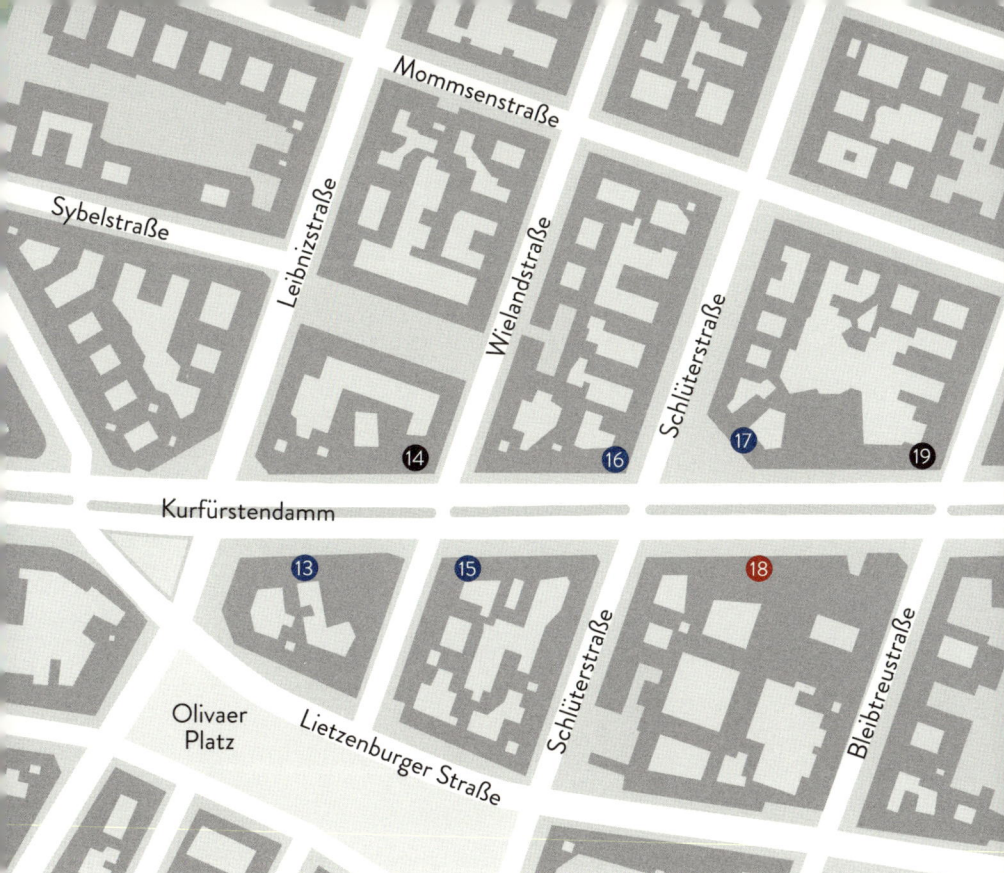

WOHNUNGEN

- ❸ Nr. 76: Wieland Herzfelde, Verleger
- ❹ Nr. 75: Claudio Arrau, Pianist
- ❺ Nr. 160: Heinrich Wölfflin, Kunsthistoriker
- ❻ Nr. 70: Mia und Joe May, Schauspielerin und Filmregisseur / Olga Desmond, Tänzerin und Schauspielerin
- ❽ Nr. 67: Fritz Kreisler, Violinist
- ❿ Nr. 173/174: Herwarth Walden, Schriftsteller
- ⓫ Nr. 64: Otto Gebühr, Schauspieler
- ⓬ Nr. 177: Rudolf Platte, Schauspieler
- ⓮ Nr. 56: Joachim von Ribbentrop, Politiker
- ⓳ Nr. 46: Ludwig Barnay, Schauspieler und Intendant

KURFÜRSTENDAMM – BLEIBTREU- BIS TAUENTZIENSTRASSE

LOCATIONS

- ③ Nr. 206-208: Villa Raussendorff, Theater und Komödie am Kurfürstendamm, Ku'damm-Karree, FÜRST
- ⑥ Nr. 211: Maison de France
- ⑦ Nr. 213: erstes Café Möhring
- ⑩ Fasanenstraße Nr. 23: Wintergarten-Ensemble
- ⑬ Nr. 217: Nelson-Revue
- ⑱ Nr. 25: Hotel am Zoo
- ㉒ Nr. 18: Café des Westens, Café Kranzler
- ㉓ Nr. 227–229: Grünfeld-Eck, Ku'damm-Eck
- ㉔ Nr. 231: Wertheim
- ㉖ Nr. 15: Mampe
- ㉗ Nr. 234: Café Schilling
- ㉘ Nr. 236: Marmorhaus
- ㉙ Breitscheidplatz: Gedächtniskirche
- ㉚ Tauentzienstraße 9–12: Romanisches Café, Europa-Center

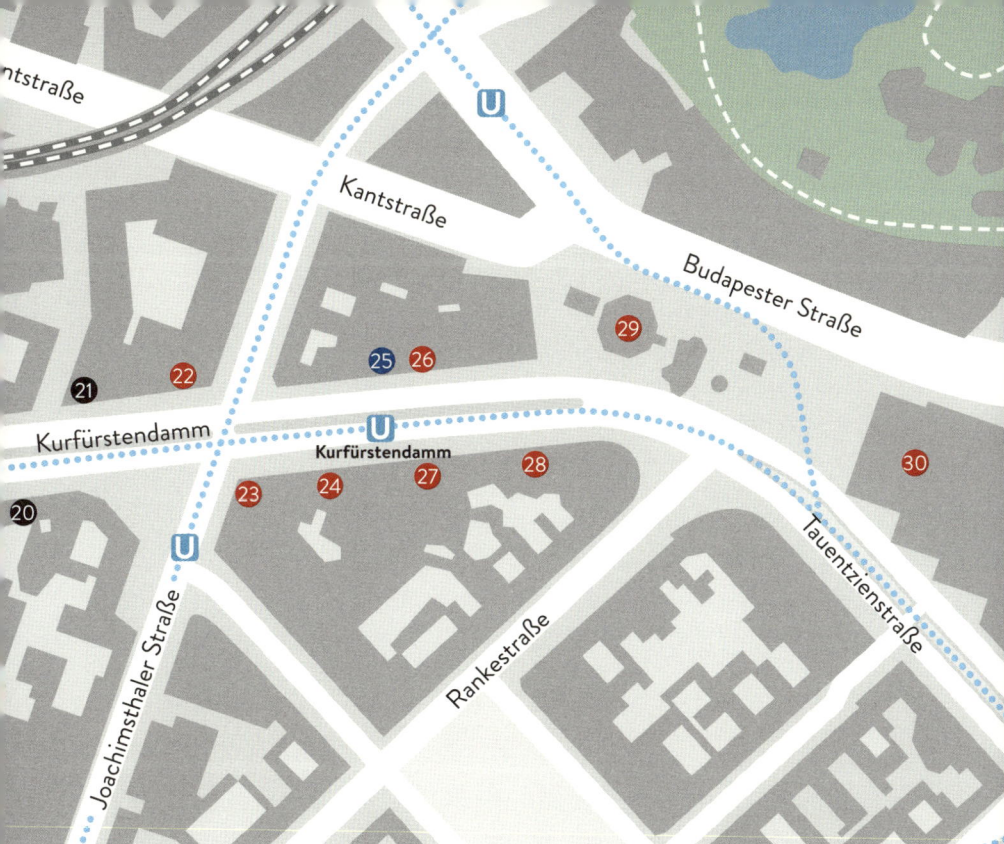

GEDENKTAFELN

- ④ Nr. 208: Berliner Secession
- ⑧ Nr. 215: Galerie Rosen
- ⑨ Nr. 215: Max Herrmann-Neiße, Schriftsteller
- ⑪ Nr. 29: Jeanne Mammen, Malerin
- ⑫ Nr. 27: Kempinski
- ⑮ Nr. 217: Robert Musil, Schriftsteller
- ⑯ Nr. 220: Rahel Hirsch, Ärztin
- ⑰ Nr. 26: Filmbühne Wien
- ㉕ Nr. 14/15: Joseph Roth, Schriftsteller

WOHNUNGEN

- ① Nr. 43: Gertrud Kolmar, Schriftstellerin
- ② Nr. 203: Max von Oppenheim, Orientalist
- ⑤ Nr. 37: August Aschinger, Gastronom
- ⑭ Nr. 217: Joseph Joachim, Violinist
- ⑲ Nr. 25: Robert Koch, Arzt (1. Wohnung)
- ⑳ Nr. 225: Leo Slezak, Sänger
- ㉑ Nr. 24: August Endell, Architekt

BILDNACHWEISE

Akademie der Künste, Berlin: Abb. 32 (Luckhardt 610, F.89/3, Foto: Arthur Köster)
akg-images, Berlin: 17, 29; 40 (Konrad Giehr/picture-alliance); 44 (Robert Grahn/euroluftbild.de)
Architekturmuseum TU Berlin: 12 (Inv.-Nr.: 20219)
Berlinische Galerie, Berlin: 38 (Foto: Anja Elisabeth Witte)
bpk, Berlin: 23 (Bayerische Staatsbibliothek/Archiv Heinrich Hoffmann); 31 (Herbert Fiebig); 26 (Hans Schaller)
Bundesbildstelle, Berlin: 37 (B 145 Bild-00014829)
Foto Marburg: 20 (Landesdenkmalamt Berlin)
Freo Group, Berlin: 50
Rainer Haubrich, Berlin: 1, 5, 8, 9, 16, 22, 43, 45, 46
Kleihues + Kleihues, Berlin: 52
Landesarchiv Berlin: 3 (F Rep. 270 Nr. 22); 11 (F Rep. 270 Nr. 1632); 33 (F Rep. 290 (01) Nr. 0053126, Foto: Bert Sass); 36 (F Rep. 290 (01) Nr. 0136455, Foto: Ludwig Ehlers)
mauritius images, Mittenwald: 47 (hanohikirf/Alamy)
Maximilian Meisse Architekturfotografie, Berlin: 51
Museum Charlottenburg-Wilmersdorf, Berlin: 21 (Inv.-Nr.. V 01); 27 (Inv.-Nr.. NS 8/9)
picture alliance, Frankfurt am Main: 15 (ZB/Jens Kalaene)
Stiftung Stadtmuseum Berlin: 14 (Inv.-Nr.: IV 67/109 V, Foto: Dorinn Alexandru Ionita); 18 (Inv.-Nr.: IV 85/713 V, Aero Lloyd Luftbild GmbH); 42 (Inv.-Nr.: SM 2013-1150, Foto: Harry Croner)
Süddeutsche Zeitung Photo, München: 6, 25 (Scherl)
Sebastian Treese, Berlin: 48
ullstein bild, Berlin: 2, 28, 34; 35 (Leber); 39 (H. Lehmann); 41 (Kasperski); 24 (Elli Marcus); 30 (Herbert Maschke); 49 (Schöning); 19 (Zander & Labisch)
Zentrum für Berlin-Studien/ZLB: 10

Für die Wiedergabe der Werke von Arthur Köster und Jeanne Mammen: VG Bild-Kunst, Bonn 2021

Alle weiteren Abbildungen stammen aus dem Archiv des Insel Verlags.